JN424816

새 이화 한국어

새 이화 한국어 Workbook 1-1

지은이 이화여자대학교 언어교육원(이정연・정누리・박옥경・송유경・기우종・최효원)
감수 김현진

펴낸날 1판 1쇄 2024년 6월 1일
2쇄 2025년 10월 30일

펴낸이 주소현 **펴낸곳** 이화여자대학교출판문화원
주소 서울특별시 서대문구 이화여대길 52 **등록** 1954년 7월 6일 제9-61호
전화 02-3277-2965(편집), 02-362-6076(마케팅) **팩스** 02-312-4312
전자우편 press@ewha.ac.kr **홈페이지** www.ewhapress.com
책임편집 이혜지 **디자인** 김리영 **일러스트** 정윤서
번역 이혜지・혼다 미호・진사영 **번역감수** 이미진・혼다 미호・호해영・진사영
녹음 오렌지 커뮤니케이션즈 **성우** 권도일, 이아름

ISBN 979-11-5890-522-4 14710
979-11-5890-490-6 (세트)

* 잘못된 책은 구입처에서 바꾸어 드립니다.

새 이화 한국어

Workbook 1-1

이화여자대학교 언어교육원 지음

이정연 • 정누리 • 박옥경
송유경 • 기우종 • 최효원

이화여자대학교출판문화원

머리말

이화여자대학교 언어교육원은 외국인 학습자들에게 한국어 학습의 길잡이가 된 『이화 한국어』를 이을 새로운 의사소통 중심 교재인 『새 이화 한국어』를 2023년에 발간하였습니다. 새로운 시대 흐름에 맞춘 교재인 『새 이화 한국어』를 발간함과 동시에 교재에서 다룬 내용을 재확인하고 내재화시킬 수 있도록 연습서인 『새 이화 한국어 워크북』도 발간하기에 이르렀습니다.

『새 이화 한국어 워크북 1』은 교재에서 다룬 어휘와 표현, 문법, 듣기, 말하기, 읽기, 쓰기의 내용을 바탕으로 다양한 활용 연습이 가능하도록 설계하였습니다. 또한 학습자들의 문법 사용 능력과 의사소통 능력 향상을 동시에 도모하고자 정확성과 유창성을 기를 수 있도록 다양한 연습 문제를 제공하였습니다.

특히 말하기는 말풍선과 함께 제시하여 실제적으로 대화를 구성할 수 있게 하였는데 이는 『새 이화 한국어 1』 교재의 특징을 계승한 것이라고 할 수 있겠습니다. 쓰기는 주제 중심의 단락을 구성하게 함으로써 담화 구성 능력 향상을 도모하고자 하였습니다. 무엇보다 본 워크북은 개인 학습용 연습서이므로 학습 시 발생할 수 있는 학습자들의 의문점들을 해소시키기 위해 부록에 각 단원의 문법 설명을 4개 국어로 실었으며 이를 통해 학습자들은 오류를 최소화시킬 수 있을 것이라 생각합니다.

이 책이 발간되기까지 많은 분들의 땀과 노고가 있었습니다. 이화여자대학교 언어교육원을 대표하여, 좋은 워크북을 개발하기 위해 밤낮으로 고민하고 집필에 매진하신 저자 분들께 깊은 감사를 드립니다. 또한 워크북이 발간되기까지 여러 가지 행정적 지원을 아끼지 않고 수고해 주신 언어교육원 행정실에도 진심으로 감사를 드립니다. 그리고 감수를 맡아 이 책의 구성과 내용에 많은 조언을 해 주신 김현진 교수님께도 감사의 말씀을 드립니다. 마지막으로 이렇게 멋진 모습으로 워크북이 발간될 수 있도록 편집과 출판을 맡아 주신 이화여자대학교출판문화원에도 깊은 감사의 마음을 전합니다.

아무쪼록 이 책이 국내외에서 널리 활용되어 한국어를 쉬우면서도 재미있고 효과적으로 교수·학습하는 데에 크게 기여하기를 바랍니다. 아울러 앞으로 나아가야 할 한국어 교육의 방향을 선도하는 역할도 하게 되기를 기대합니다.

2024년 6월

이화여자대학교 언어교육원

원장 박선희

차례

Workbook 구성표

단원	단원명	어휘와 표현	문법	듣기
1단원	한국어와 한글	한글 소개, 모음 1, 자음 1, 모음 2, 자음 2, 모음 3, 받침, 문장 만들기		
2단원	소개	국적 직업	N이에요/예요 N은/는 N이/가 아니에요 더 N의 N	받아쓰기 자기 소개 표현 듣기
3단원	일상생활	일상생활 수 ①, 날짜	A/V-아/어요 N이/가 N을/를 더 으 탈락	받아쓰기 한국 생활을 묻는 표현 듣기
4단원	물건과 장소	물건 ① 위치, 가구	이, 그, 저 N N에(위치) N과/와, N하고	받아쓰기 물건 및 장소의 위치를 묻는 표현 듣기
5단원	하루 일과	수 ②, 시간 하루 일과	N에(시간) N부터 N까지 A/V-습니다/ㅂ니다, A/V-습니까?/ㅂ니까? 더 ㄹ 탈락	받아쓰기 일정을 묻는 표현 듣기
6단원	쇼핑과 음식	가격, 물건 ② 상태 ①	V-고 싶다 V-으세요/세요 N에(방향) 더 ㅂ 불규칙 더 개, 권, 명, 병	받아쓰기 쇼핑 및 식당에 대한 표현 듣기

말하기	읽기	쓰기
자기소개에 대해 말하기 친구에 대해 말하기	친구에 대한 글 읽기	가족에 대한 글 쓰기
일상생활에 대해 말하기 수업 일정에 대해 말하기	수업 일정에 대한 글 읽기	한국 생활에 대한 글 쓰기
장소와 물건에 대해 말하기 물건의 위치에 대해 말하기	도서관 위치에 대한 글 읽기	집에 대한 글 쓰기
문화센터 프로그램 시간에 대해 말하기 편의시설 이용 시간에 대해 말하기	편의시설 이용 시간에 대한 글 읽기	하루 일과에 대한 글 쓰기
사고 싶은 물건에 대해 말하기 식료품 구입에 대해 말하기	식당에 대한 글 읽기	좋아하는 가게에 대한 글 쓰기

더 더 알아보기

Workbook 구성과 사용법

- 『새 이화 한국어 Workbook 1-1』, 『새 이화 한국어 Workbook 1-2』는 『새 이화 한국어 1-1』, 『새 이화 한국어 1-2』에 맞춰 개발된 연습서이다.
- 교재 내용에 보충, 심화 학습이 가능한 내용으로 설계되었으며 학습한 내용을 스스로 공부할 수 있도록 개인 학습용으로 개발되었다.
- 각 단원은 '어휘와 표현', '문법', '듣기', '말하기', '읽기', '쓰기' 총 6개 영역으로 구성되어 있다.
- 각 단원별 연습 문제 이외에 문법에 대한 주요 설명이 책 뒤쪽 부록에 제공되어 있다.

어휘와 표현

교재의 소단원 1, 2에서 다룬 '어휘와 표현'의 연습 부분이다. 다양한 연습 활동을 제공하여 학습자가 어휘와 표현의 의미를 확인, 점검하고 어휘 사용 능력을 향상시킬 수 있도록 설계하였다.

문법

교재의 소단원 1, 2, 3에서 다룬 '문법'의 연습 부분이다. 각 목표 문법의 연습을 활용 형태 표로 제시하였고 문장 만들기, 대화 만들기 연습도 추가하였다. 이를 통해 학습자가 문법 활용 형태를 익히고 문법 사용 능력을 기를 수 있도록 설계하였다. 문법 연습과 더불어 '더 알아보기'에서 제시된 문법 연습 문제도 같이 제공하였다.

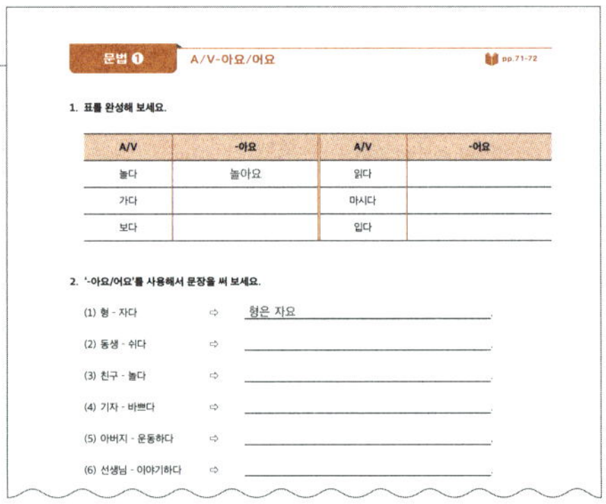

듣기

교재의 소단원 1, 3에서 다룬 '듣기' 연습 부분이다. 초급 학습자의 특성을 고려하여 듣기의 주요 어휘와 문법이 포함된 받아쓰기를 제시하였다. 그리고 각 단원의 주요 표현을 점검할 수 있도록 해당 표현이 사용된 간단한 대화를 듣고 확인하는 문제를 제공하였다.

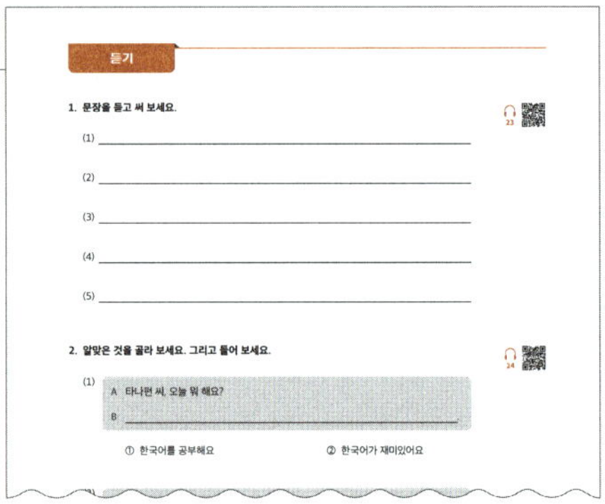

말하기

교재의 소단원 1, 2에서 다룬 '말하기' 연습 부분이다. 소단원 1 말하기 연습에서는 교재의 말하기 대화문에서 다룬 주요 기능 표현을 연습하게 구성하였다. 소단원 2 말하기 연습에서는 말풍선의 핵심어를 보면서 교재의 대화문을 확장해서 연습할 수 있게 설계하였다. 이 확장 대화문을 만드는 연습은 부록에 모범 대화문을 제시하여 스스로 학습을 할 수 있게 구성하였다.

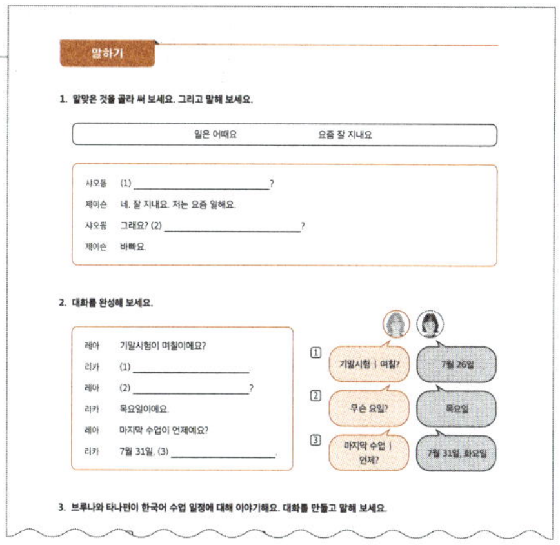

읽기

교재의 소단원 2에서 다룬 '읽기' 연습 부분이다. 교재 읽기에서 학습한 주제와 관련된 내용을 다양한 텍스트 유형으로 구현하여 제공하였다. 이 텍스트의 내용 이해 문제도 제공하여 이해 능력을 향상시킬 수 있도록 하였다.

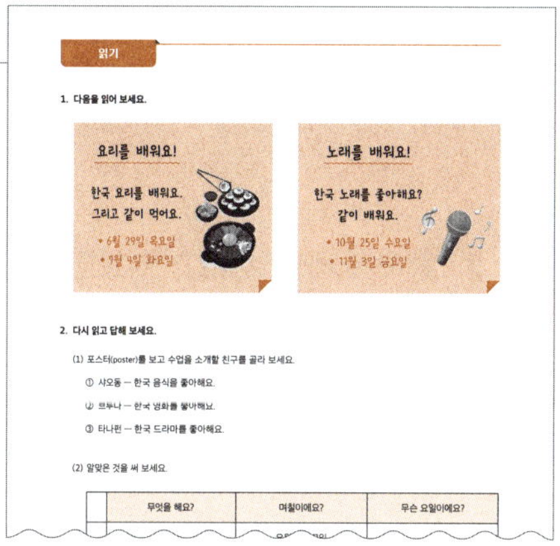

쓰기

교재의 소단원 3에서 다룬 '쓰기' 연습 부분이다. 교재 쓰기 내용과 관련된 글을 쓰는 활동을 제시하였다. 교재에서 제시한 도움 질문을 활용해서 단락의 글을 완성할 수 있게 하였다. 부록에 모범 글을 제시하여 스스로 확인 학습이 가능하게 하였다.

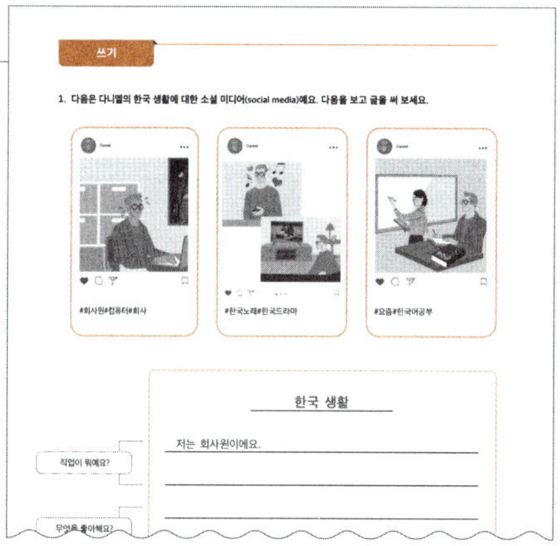

문법 설명

교재 소단원 1, 2, 3 문법의 문법 설명 부분이다. 각 문법의 의미를 자세한 설명과 함께 제시하였다. 문법의 의미와 형태 정보를 도식화하여 간략하게 보여 줌으로써 학습자의 이해를 돕고자 하였다. 또한 문법 활용 시 유의할 점, 예문을 제공하여 학습자의 오류를 줄이고자 하였다. 문법 설명은 영어, 일본어, 중국어 간체, 중국어 번체로도 제공하여 학습자의 이해를 도모하고자 하였다.

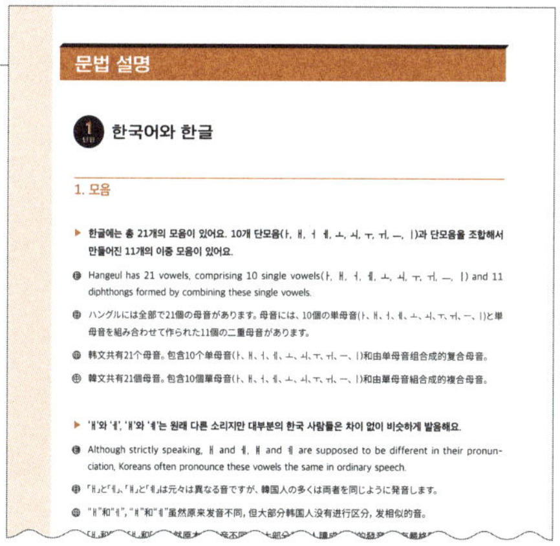

1 단원 한국어와 한글 Korean language and Hangeul

모음 ❶

pp.26~28

1. 듣고 따라 해 보세요.

1

아	어	오	우	으	이

2. 읽어 보세요. 그리고 듣고 확인해 보세요.

2

(1) 아아　아어　　(2) 어어　어오

(3) 오오　오우　　(4) 우우　우으

(5) 으으　으이　　(6) 으어　어으

3. 알맞은 것을 연결해 보세요.

(1) ㅇ + ㅣ •　　• ① 아

(2) ㅇ + ㅓ •　　• ② 이

(3) ㅇ + ㅡ •　　• ③ 오

(4) ㅇ + ㅗ •　　• ④ 으

(5) ㅇ + ㅏ •　　• ⑤ 우

(6) ㅇ + ㅜ •　　• ⑥ 어

4. 단어를 읽고 써 보세요.

오	5	오			
이	2	이			
아이		아이			
아우		아우			
오이		오이			

5. 듣고 단어를 써 보세요. 3

(1) | |

(2) | |

(3) | 오 | |

(4) | 아 | |

(5) | | 이 |

pp.29~31

1. 듣고 따라 해 보세요. 4

가	너	도	루	므	비	사	어	조	후

2. 읽어 보세요. 그리고 듣고 확인해 보세요. 5

(1) 가나다 거너더 고노도 구누두

(2) 르므브 리미비 라마바 러머버

(3) 소조호 수주후 스즈흐 시지히

3. 알맞은 것을 연결해 보세요.

(1)	ㄱ + ㅡ	•	•	①	나
(2)	ㄴ + ㅏ	•	•	②	마
(3)	ㄷ + ㅣ	•	•	③	그
(4)	ㄹ + ㅓ	•	•	④	보
(5)	ㅁ + ㅏ	•	•	⑤	디
(6)	ㅂ + ㅗ	•	•	⑥	서
(7)	ㅅ + ㅓ	•	•	⑦	주
(8)	ㅈ + ㅜ	•	•	⑧	러
(9)	ㅎ + ㅗ	•	•	⑨	호

4. 단어를 읽고 써 보세요.

구두 	구두	
나무 	나무	
다리 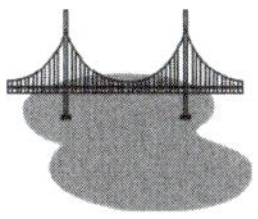	다리	
모자 	모자	
비누 	비누	
사자 	사자	

주스 	주스	
고기 	고기	
바지 	바지	
오리 	오리	
허리 	허리	
라디오 	라디오	

5. 듣고 단어를 써 보세요.

6

(1)

	기

(2)

	무

(3)

바	

(4)

	리

(5)

	스

(6)

	디	

모음 ❷

pp.32~34

1. 듣고 따라 해 보세요.

7

야	여	요	유	애	에	얘	예

2. 읽어 보세요. 그리고 듣고 확인해 보세요.

8

(1) 야야야 여여여

(2) 요요요 유유유

(3) 애애애 얘얘얘

(4) 에에에 예예예

(5) 야여요유 애얘에예

(6) 요예여유 유요예야

3. 알맞은 것을 연결해 보세요.

(1)	ㄱ	+	ㅑ	• ---- •	①	갸
(2)	ㄴ	+	ㅕ	• •	②	대
(3)	ㄷ	+	ㅐ	• •	③	녀
(4)	ㄹ	+	ㅠ	• •	④	섀
(5)	ㅁ	+	ㅕ	• •	⑤	예
(6)	ㅂ	+	ㅔ	• •	⑥	베
(7)	ㅅ	+	ㅒ	• •	⑦	류
(8)	ㅇ	+	ㅖ	• •	⑧	며

4. 단어를 읽고 써 보세요.

개 	개	
야구 	야구	
여우 	여우	
메뉴 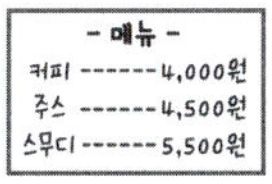	메뉴	
얘기 	얘기	
그네 	그네	

휴지 	휴지	
요가 	요가	
우유 	우유	
노래 	노래	
시계 	시계	
가게 	가게	

5. 듣고 단어를 써 보세요.

9

(1) | |

(2) | | 구 |

(3) | 노 | |

(4) | | 기 |

(5) | 가 | |

(6) | 시 | |

pp.35~37

1. 듣고 따라 해 보세요.

10

가	까	카

다	따	타

바	빠	파

사	싸

자	짜	차

카	터	포	추	끄	띠	빠	써	쪼

2. 읽어 보세요. 그리고 듣고 확인해 보세요.

11

(1) 카카 꺼꺼 가카까

(2) 터터 떠떠 더터떠

(3) 포포 뽀뽀 보뽀포

(4) 치치 짜짜 지치찌

3. 맞게 써 보세요.

(1)	ㅋ	+	ㅏ	⇨	카
(2)	ㄲ	+	ㅓ	⇨	
(3)	ㅌ	+	ㅡ	⇨	
(4)	ㄸ	+	ㅣ	⇨	
(5)	ㅃ	+	ㅗ	⇨	
(6)	ㅍ	+	ㅕ	⇨	
(7)	ㅆ	+	ㅡ	⇨	
(8)	ㅉ	+	ㅏ	⇨	
(9)	ㅊ	+	ㅜ	⇨	

4. 단어를 읽고 써 보세요.

코 	코	
타다 	타다	
피자 	피자	
토끼 	토끼	
아빠 	아빠	
커피 	커피	

포도 	포도	
치마 	치마	
찌개 	찌개	
머리띠 	머리띠	
코끼리 	코끼리	
쓰레기 	쓰레기	

5. 듣고 단어를 써 보세요.

12

(1)

	다

(2)

	마

(3)

	자

(4)

아	

(5)

		기

(6)

		리

모음 ③

pp.38~40

1. 듣고 따라 해 보세요.

13

와	워	왜	웨	외	위	의

2. 읽어 보세요. 그리고 듣고 확인해 보세요.

14

(1) 와와와　　워워워　　(2) 웨웨웨　　위위위

(3) 와워웨위　　워웨위와　　(4) 웨위워와　　위와웨워

3. 맞게 써 보세요.

(1) ㅇ + ㅢ ⇨ 의

(2) ㄱ + ㅟ ⇨

(3) ㄴ + ㅚ ⇨

(4) ㄷ + ㅙ ⇨

(5) ㅇ + ㅞ ⇨

(6) ㅁ + ㅝ ⇨

(7) ㅂ + ㅘ ⇨

4. 단어를 읽고 써 보세요.

귀 	귀	
뭐 	뭐	
왜 	왜	
사과 	사과	
돼지 	돼지	
의사 	의사	

과자 	과자	
샤워 	샤워	
회의 	회의	
가위 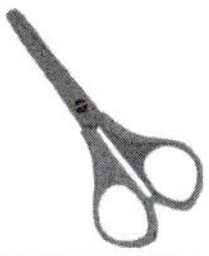	가위	
의자 	의자	
웨이터 	웨이터	

5. 듣고 단어를 써 보세요.

15

(1) | |

(2) | 사 | |

(3) | 샤 | |

(4) | | 지 |

(5) | | 사 |

(6) | 가 | |

pp.41~43

1. 듣고 따라 해 보세요. 16

목	녘	밖

곧	옷	낮	빛	밑	놓	있

안 물 잠

입	앞

빵

2. 듣고 맞는 것을 고르고 써 보세요. 17

(1) ☐ ☑ 역 ☐ 엳　(2) ☐ ☐ 밥 ☐ 발

(3) 부 ☐ ☐ 엄 ☐ 억　(4) 우 ☐ ☐ 산 ☐ 상

3. 맞게 써 보세요.

(1) ㅇ + ㅗ + ㅅ ⇨ 옷

(2) ㅈ + ㅣ + ㅂ ⇨ ☐

(3) ㅁ + ㅜ + ㄴ ⇨ ☐

(4) ㄲ + ㅡ + ㅌ ⇨ ☐

(5) ㅂ + ㅕ + ㄹ ⇨ ☐

(6) ㅊ + ㅏ + ㅈ ⇨ ☐

(7) ㅇ + ㅝ + ㄴ ⇨ ☐

4. 단어를 읽고 써 보세요.

책 	책	
밖 	밖	
옆 	옆	
꽃 	꽃	
옷 	옷	
낮 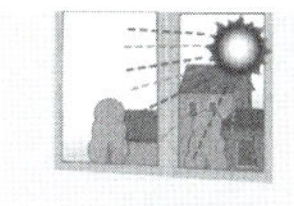	낮	
듣다 	듣다	

딸기 	딸기	
우산 	우산	
부엌 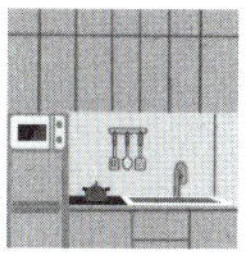	부엌	
웃다 	웃다	
이름 	이름	
학생 	학생	
선생님 	선생님	

5. 듣고 단어를 써 보세요.

18

(1) | |

(2) | |

(3) | |

(4) | | 다 |

(5) | 학 | |

(6) | | | 님 |

문장 만들기

pp.44~45

1. 듣고 따라 해 보세요.

19

아	이	가		자	요	.						
학	생	이		공	부	해	요	.				
리	카	가		친	구	를		만	나	요	.	
제	이	슨	이		빵	을		좋	아	해	요	.

2. 그림을 보고 문장을 만들어 보세요.

(1) 

아이 / 웃습니다

⇨ 아이가 웃습니다 ____________________.

(2) 

리카 / 요가 / 합니다

⇨ ____________________.

(3) 

샤오동 / 피자 / 먹습니다

⇨ ____________________.

(4) 

타나펀 / 음악 / 듣습니다

⇨ ____________________.

3. 문장을 만들어 보세요.

(1)	학생이	가요		⇨	학생이	가요	
(2)	와요	친구가		⇨			
(3)	제이슨이	먹어요	포도를	⇨			
(4)	잘해요	한국어를	리카가	⇨			
(5)	선생님이	만나요	학생을	⇨			
(6)	좋아해요	야구를	오빠가	⇨			

4. 듣고 문장을 완성해 보세요.

20

(1)	동	생	이		와	요	.						
(2)	친	구	가					.					
(3)					신	문	을					.	
(4)	선	생	님	이									.
(5)	브	루	나	가									.
(6)			가				를							.

2 단원 소개 Introduction

어휘와 표현 ❶ 국적

p.50

1. 알맞은 것을 연결해 보세요.

(1) 인도 (2) 일본 (3) 호주 (4) 러시아 (5) 캐나다

①  ②  ③  ④  ⑤ 

2. 그림을 보고 써 보세요.

(1) 레아	프랑스	사람	(2) 김민지	______	사람
(3) 브루나	______	사람	(4) 샤오동	______	사람
(5) 제이슨	______	사람	(6) 타나펀	______	사람

어휘와 표현 ❷ 직업

p.55

1. 어휘를 찾아보세요.

선	생	님	배	람
라	일	주	(1) 기	우
간	디	책	자	화
나	호	어	다	가
경	찰	사	교	과

(1) 기자

(2) 경찰

(3) 배우

(4) 화가

(5) 간호사

(6) 선생님

2. 그림을 보고 대화를 완성해 보세요.

(1)

가수예요 ______________.

(2)

______________.

(3)

______________.

(4)

______________.

문법 ❶ N이에요/예요

pp.51~52

1. 표를 완성해 보세요.

N	이에요	N	예요
독일	독일이에요	레아	
선생님		간호사	

2. 알맞은 것을 연결해 보세요.

(1) 사과 •
(2) 바나나 •
(3) 이서준 •
(4) 박지유 •
(5) 한국어 책 •
(6) 캐나다 사람 •

• ① 이에요.
• ② 예요.

3. 그림을 보고 문장을 완성해 보세요.

(1) 
리카, 일본 사람
리카예요.
일본 사람이에요.

(2) 
타나펀, 태국 사람
__________.
__________.

(3) 
올리버, 호주 사람
__________.
__________.

(4) 
제이슨, 미국 사람
__________.
__________.

(5) 
브루나, 브라질 사람
__________.
__________.

(6) 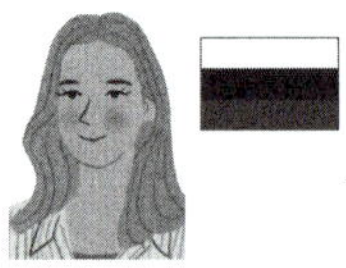
소피아, 러시아 사람
__________.
__________.

문법 ❷ N은/는

pp.56~57

1. 표를 완성해 보세요.

N	은	N	는
경찰	경찰은	기자	
한국		언니	

2. 알맞은 것을 골라 ◌표 해 보세요.

(1) 저(은, (는)) 한국 사람이에요.

(2) 샤니(은, 는) 케냐 사람이에요.

(3) 제이슨(은, 는) 미국 사람이에요.

(4) 다니엘(은, 는) 독일 사람이에요.

(5) 레아(은, 는) 프랑스 사람이에요.

(6) 샤오동(은, 는) 중국 사람이에요.

3. 그림을 보고 대화를 완성해 보세요.

(1) 형

형 은 의사예요.

(2) 사토미

사토미_____ 가수예요.

(3) 제 친구

제 친구_____ 화가예요.

(4) 리웨이

리웨이_____ 요리사예요.

(5) 파비앙

파비앙_____ 운동선수예요.

(6) 다니엘

다니엘_____ 회사원이에요.

문법 ③ N이/가 아니에요 pp.60~61

1. 표를 완성해 보세요.

N	이 아니에요	N	가 아니에요
타나펀	타나펀이 아니에요	친구	
한국 사람		화가	

2. 'N이/가 아니에요'를 사용해서 써 보세요.

(1) 주부예요. ⇨ 주부 가 아니에요.

(2) 영화배우예요. ⇨ 영화배우 ______________.

(3) 인도 사람이에요. ⇨ 인도 사람 ______________.

(4) 형 이름은 존이에요. ⇨ 형 이름은 존 ______________.

(5) 아버지는 경찰이에요. ⇨ 아버지는 경찰 ______________.

(6) 제 이름은 최미나예요. ⇨ 제 이름은 최미나 ______________.

3. 그림을 보고 대화를 완성해 보세요.

(1) 

A 레아예요?

B 아니요. 레아가 아니에요.

지유예요.

(2) 

A 요리사예요?

B 아니요. ______________.

가수예요.

(3) 

A 영어 책이에요?

B 아니요. ______________.

한국어 책이에요.

(4) 

A 언니예요?

B 아니요. ______________.

고향 친구예요.

(5) 

A 회사원이에요?

B 아니요. ______________.

______________.

(6) 

A 독일 사람이에요?

B 아니요. ______________.

______________.

더 알아보기 N의 N

p.58

1. 표를 완성해 보세요.

N	의	N	의
제이슨	제이슨의	저	
형		나	

2. 대화를 완성해 보세요.

(1) A 누구의 책이에요?
B 리카의 책이에요. (리카)

(2) A 누구의 사과예요?
B ______________________. (샤니)

(3) A 누구의 모자예요?
B ______________________. (타나펀)

(4) A 누구의 학교예요?
B ______________________. (브루나)

(5) A 누구의 회사예요?
B ______________________. (다니엘)

(6) A 누구의 우산이에요?
B ______________________. (샤오동)

3. 그림을 보고 대화를 완성해 보세요.

(1) 에릭

(2) 나티

(3) 리암

(4) 김민지

(1) 에릭의 직업은 기자예요.

(2) ______________________.

(3) ______________________.

(4) ______________________.

듣기

1. 문장을 듣고 써 보세요.

21

(1) ______________________________

(2) ______________________________

(3) ______________________________

(4) ______________________________

(5) ______________________________

2. 알맞은 것을 골라 보세요. 그리고 들어 보세요.

22

(1)

A ______________________________?

B 저는 말레이시아 사람이에요.

① 직업이 뭐예요 ② 어느 나라 사람이에요

(2)

A 무슨 일을 해요?

B ______________________________.

① 저는 화가예요 ② 선생님의 책이에요

(3)

A 이름이 박준하예요?

B 아니요. 제 이름은 ______________________________.

① 박준하예요 ② 박준하가 아니에요

말하기

1. 알맞은 것을 골라 써 보세요. 그리고 말해 보세요.

이름이 뭐예요	만나서 반가워요	저는 브라질 사람이에요

다니엘 저는 다니엘이에요. (1) ______________________________?

브루나 저는 브루나예요.

다니엘 브루나 씨, 어느 나라 사람이에요?

브루나 (2) ______________________________. 다니엘 씨, 어느 나라 사람이에요?

다니엘 독일 사람이에요. (3) ______________________________.

2. 대화를 완성해 보세요.

타나펀 누구예요?

브루나 제 친구 (1) __________________________.

타나펀 수잔은 어느 나라 사람이에요?

브루나 (2) __________________________.

타나펀 직업이 뭐예요?

브루나 수잔은 (3) __________________________.

1	누구?	제 친구 ǀ 수잔
2	수잔 ǀ 어느 나라 사람?	캐나다 사람
3	직업 ǀ 뭐?	수잔 ǀ 요리사

3. 다니엘과 리카가 친구에 대해 이야기해요. 대화를 만들고 말해 보세요.

1	2	3
누구?	사유리 ǀ 어느 나라 사람?	직업 ǀ 뭐?
제 친구 ǀ 사유리	일본 사람	사유리 ǀ 간호사

읽기

1. 다음을 읽어 보세요.

저는 니차야예요. 저는 태국 사람이에요. 기자예요.

제 이름은 로건이에요. 저는 의사예요. 호주 사람이에요.

저는 이서준이에요. 리카의 친구예요. 저는 학생이에요. 한국 사람이에요.

제 이름은 소피아예요. 저는 러시아 사람이에요. 화가예요.

2. 다시 읽고 답해 보세요.

(1) 그림을 보고 알맞은 이름을 써 보세요.

① 이서준　② ________　③ ________　④ ________

(2) 문장을 고쳐 써 보세요.

① 니차야는 한국 사람이에요. ⇨ 니차야는 태국 사람이에요.

② 로건은 러시아 사람이에요. ⇨ ________.

③ 이서준은 학생이 아니에요. ⇨ ________.

④ 소피아는 리카의 친구예요. ⇨ ________.

쓰기

1. 다음은 파비앙의 가족사진이에요. 다음을 보고 글을 써 보세요.

파비앙의 가족

파비앙의 직업은 뭐예요?

파비앙은 프랑스 사람이에요. 파비앙의 직업은 ____________________

____

가족의 이름이 뭐예요?
가족의 직업이 뭐예요?

파비앙의 형은 ____________________

____

누나의 이름은 ____________________

____

그리고 ____________________

3 단원 일상생활 Daily life

어휘와 표현 ❶ 일상생활

p.70

1. 그림을 보고 알맞은 것을 골라 써 보세요.

자요	놀아요	먹어요	배워요	읽어요	입어요

(1) 

배워요 .

(2) 

______________ .

(3) 

______________ .

(4) 

______________ .

(5) 

______________ .

(6) 

______________ .

2. 그림을 보고 대화를 완성해 보세요.

(1) 

A 뭐 해요?

B 만나요 .

(2) 

A 뭐 해요?

B ______________ .

(3) 

A 공부해요?

B 아니요.

______________ .

(4) 

A 자요?

B 아니요.

______________ .

어휘와 표현 ❷ 수 ①, 날짜

p.75

1. 알맞은 것을 써 보세요.

0	공 / 영	16	
1		17	
2		28	
3		29	
4		30	
5		31	

2. 그림을 보고 대화를 완성해 보세요.

(1) 

A 며칠이에요?

B 일월 삼일이에요 ______________.

(2) 

A 며칠이에요?

B ______________.

(3) 

A 8월 15일이에요?

B 네. ______________

______________.

(4) 

A 10월 17일이에요?

B 아니요. ______________

______________.

(5) 

A 11월 22일이에요?

B 네. ______________

______________.

(6) 

A 11월 25일이에요?

B 아니요. ______________

______________.

문법 ❶ A/V-아요/어요

pp.71~72

1. 표를 완성해 보세요.

A/V	-아요	A/V	-어요
놀다	놀아요	읽다	
가다		마시다	
보다		입다	

2. '-아요/어요'를 사용해서 문장을 써 보세요.

(1) 형 - 자다 ⇨ 형은 자요____________________.

(2) 동생 - 쉬다 ⇨ ____________________.

(3) 친구 - 놀다 ⇨ ____________________.

(4) 기자 - 바쁘다 ⇨ ____________________.

(5) 아버지 - 운동하다 ⇨ ____________________.

(6) 선생님 - 이야기하다 ⇨ ____________________.

3. 그림을 보고 글을 완성해 보세요.

레아는 지금 (1) 공부해요__________. (공부하다)

한국어 공부는 정말 (2)__________. (재미있다)

그렇지만 다니엘은 지금 (3)__________. (일하다)

일은 정말 (4)__________. (힘들다)

문법 ❷ N이/가

pp.76~77

1. 표를 완성해 보세요.

N	이	N	가
책	책이	리카	
학생		전화번호	

2. 알맞은 것을 골라 ○표 해 보세요.

(1) 선생님(이, 가) 일해요.

(2) 친구(이, 가) 이야기해요.

(3) 오늘(이, 가) 1월 26일이에요.

(4) 영어 공부(이, 가) 재미있어요.

(5) 제 언니(이, 가) 영화배우예요.

(6) 5월 15일(이, 가) 동생 생일이에요.

3. 다음을 보고 대화를 완성해 보세요.

이름: 제이슨

생일: 10월 29일

전화번호: 010-0275-4386

직업: 학생

(1) A 이름이 뭐예요?
B 제이슨이에요.

(2) A ________ 언제예요?
B 10월 29일이에요.

(3) A ________ 뭐예요?
B 010-0275-4386이에요.

(4) A ________ 뭐예요?
B 학생이에요.

문법 ❸ N을/를

pp.80~81

1. 표를 완성해 보세요.

N	을	N	를
김밥	김밥을	주스	
다니엘		친구	

2. 문장을 완성해 보세요.

(1) 언니가 치마 를 입어요.

(2) 레아가 한국어______ 배워요.

(3) 마린이 가족______ 만나요.

(4) 리카가 전화번호______ 써요.

(5) 동생이 한국 음식______ 먹어요.

(6) 소피아가 텔레비전______ 봐요.

3. 그림을 보고 대화를 완성해 보세요.

(1)

A 지금 뭘 먹어요?

B 사과를 먹어요.

(2)

A 오늘 누구를 만나요?

B ____________ 만나요.

(3)

A 뭘 좋아해요?

B ____________ 좋아해요.

(4)

A 요즘 뭘 배워요?

B ____________ 배워요.

 p.72

1. **표를 완성해 보세요.**

A/V	-아요	A/V	-어요
바쁘다	바빠요	예쁘다	
아프다		쓰다	

2. **'이/가'를 사용해서 문장을 만들어 보세요.**

(1) 쓰다 / 다니엘 ⇨ 다니엘이 써요 ________.

(2) 예쁘다 / 구두 ⇨ ________.

(3) 허리 / 아프다 ⇨ ________.

(4) 한국 생활 / 바쁘다 ⇨ ________.

3. **그림을 보고 알맞은 것을 골라 대화를 완성해 보세요.**

쓰다	바쁘다	아프다	예쁘다

(1) 

A 어디가 안 좋아요?

B 머리가 조금 아파요 ________.

(2) 

A 제 누나예요.

B 누나가 정말 ________.

(3) 

A 지금 뭐 해요?

B 제 전화번호를 ________.

(4) 

A 요즘 잘 지내요?

B 요즘 일이 많아요.

그래서 ________.

듣기

1. 문장을 듣고 써 보세요.

23

(1) ______________________________

(2) ______________________________

(3) ______________________________

(4) ______________________________

(5) ______________________________

2. 알맞은 것을 골라 보세요. 그리고 들어 보세요.

24

(1)

A 타나펀 씨, 오늘 뭐 해요?

B ______________________________.

① 한국어를 공부해요 ② 한국어가 재미있어요

(2)

A ______________________________?

B 조금 바빠요. 그렇지만 재미있어요.

① 한국 음식이 어때요 ② 한국 생활이 어때요

(3)

A 브루나는 요즘 뭐 해요?

B ______________________________.

① 요즘 운동해요 ② 브라질 사람이에요

말하기

1. 알맞은 것을 골라 써 보세요. 그리고 말해 보세요.

일은 어때요	요즘 잘 지내요

샤오동 (1) ______________________?

제이슨 네. 잘 지내요. 저는 요즘 일해요.

샤오동 그래요? (2) ______________________?

제이슨 바빠요.

2. 대화를 완성해 보세요.

레아 기말시험이 며칠이에요?

리카 (1) ______________________.

레아 (2) ______________________?

리카 목요일이에요.

레아 마지막 수업이 언제예요?

리카 7월 31일, (3) ______________________.

1	기말시험 | 며칠?	7월 26일
2	무슨 요일?	목요일
3	마지막 수업 | 언제?	7월 31일, 화요일

3. 브루나와 타나펀이 한국어 수업 일정에 대해 이야기해요. 대화를 만들고 말해 보세요.

1	2	3
중간시험 | 며칠?	무슨 요일?	문화 수업 | 언제?
4월 3일	수요일	4월 5일, 금요일

읽기

1. 다음을 읽어 보세요.

요리를 배워요!

한국 요리를 배워요.
그리고 같이 먹어요.

- 6월 29일 목요일
- 7월 4일 화요일

노래를 배워요!

한국 노래를 좋아해요?
같이 배워요.

- 10월 25일 수요일
- 11월 3일 금요일

2. 다시 읽고 답해 보세요.

(1) 포스터(poster)를 보고 수업을 소개할 친구를 골라 보세요.

① 샤오동 — 한국 음식을 좋아해요.

② 브루나 — 한국 영화를 좋아해요.

③ 타나펀 — 한국 드라마를 좋아해요.

(2) 알맞은 것을 써 보세요.

	무엇을 해요?	며칠이에요?	무슨 요일이에요?
①	한국 요리를 배워요.	유월 이십구일	______
		______	화요일
②	______.	______	수요일
		십일월 삼일	______

쓰기

1. 다음은 다니엘의 한국 생활에 대한 소셜 미디어(social media)예요. 다음을 보고 글을 써 보세요.

#회사원#컴퓨터#회사

#한국노래#한국드라마

#요즘#한국어공부

한국 생활

직업이 뭐예요? — 저는 회사원이에요.

무엇을 좋아해요?

요즘 무엇을 해요?

한국 생활이 어때요? — 한국 생활이 재미있어요.

4 단원 물건과 장소 Objects and places

어휘와 표현 ❶ 물건 ①

p.90

1. 알맞은 것을 연결해 보세요.

(1) 

• ① 모자

(2) 
• ② 시계

(3) 
• ③ 가방

(4) 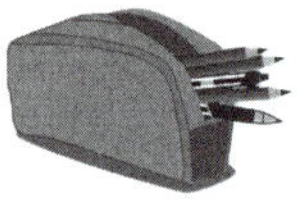
• ④ 필통

(5) 
• ⑤ 지갑

2. 그림을 보고 대화를 완성해 보세요.

(1) 

A 의자예요?

B 네. 의자예요.

(2) 

A 책상이에요?

B 네. ____________.

(3) 

A 의자예요?

B 아니요. ____________.

(4) 

A 공책이에요?

B 아니요. ____________.

p.95

1. 휴대 전화가 어디에 있어요? 알맞은 것을 골라 써 보세요.

위	밑/아래	앞	뒤	안	밖	옆

(1) 

밑 / 아래

(2) 

____

(3) 

____

(4) 

____

(5) 

____

(6) 

____

2. 그림을 보고 대화를 완성해 보세요.

(1) A 옷이 어디에 있어요?

B 옷장 안에 있어요.

(2) A 연필이 어디에 있어요?

B ______________.

(3) A 가방이 어디에 있어요?

B ______________.

(4) A 모자가 어디에 있어요?

B ______________.

(5) A 안경이 어디에 있어요?

B ______________.

이, 그, 저 N

pp.91~92

1. 표를 완성해 보세요.

N	이	그	저
가방	이 가방		
모자			

2. 그림을 보고 알맞은 것을 써 보세요.

(1)

(2)

(3)

(4)

3. 그림을 보고 대화를 완성해 보세요.

(1) A 제이슨 씨, 그것 은 뭐예요?

B 의자예요.

(2) A 제이슨 씨, __________ 은 뭐예요?

B 책상이에요.

(3) A 제이슨 씨, __________ 은 뭐예요?

B 가방이에요.

(4) A 제이슨 씨, __________ 은 뭐예요?

B 안경이에요.

문법 ❷ N에(위치)

pp.96~97

1. 표를 완성해 보세요.

N	에	N	에
안	안에	뒤	
옆		아래	

2. 그림을 보고 문장을 완성해 보세요.

(1) 김밥이 사과 위에 있어요.

(2) 피자가 우유 ______ 있어요.

(3) 주스가 김밥 ______ 있어요.

(4) 커피가 주스 ______ 있어요.

(5) 우유가 커피 ______ 있어요.

(6) 바나나가 피자 ______ 있어요.

3. 그림을 보고 문장을 완성해 보세요.

(1) 꽃은 카페 밖에 있어요.

(2) 책은 ______ 있어요.

(3) 가방은 ______ 있어요.

(4) 커피는 ______ 있어요.

(5) 휴대 전화는 ______ 있어요.

문법 ❸ N과/와, N하고

pp.100~101

1. 표를 완성해 보세요.

N	과	하고	N	와	하고
형, 누나	형과 누나		배우, 가수		
가방, 책			학교, 공원		

2. 알맞은 것을 골라 ○표 해 보세요.

(1) 휴게실이 3층(과, 와) 4층에 있어요.

(2) 교실에 선생님(과, 와) 학생이 있어요.

(3) 샤오동은 커피(과, 와) 빵을 좋아해요.

(4) 책상 위에 시계(과, 와) 안경이 있어요.

(5) 학교에 기숙사(과, 와) 학생 식당이 있어요.

(6) 우리 반에 프랑스 사람(과, 와) 태국 사람이 있어요.

3. 그림을 보고 '과/와'를 사용해서 문장을 써 보세요.

(1) 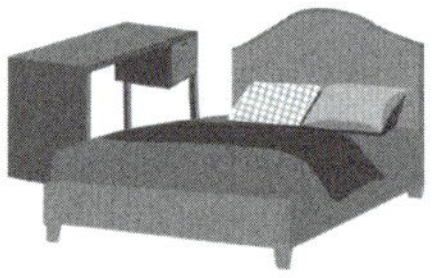 책상과 침대가 있어요/침대와 책상이 있어요.

(2)  ______________________.

(3)  ______________________.

(4)  ______________________.

문법 종합 연습

1. '이, 그, 저', '에'를 사용해서 대화를 완성해 보세요.

(1)

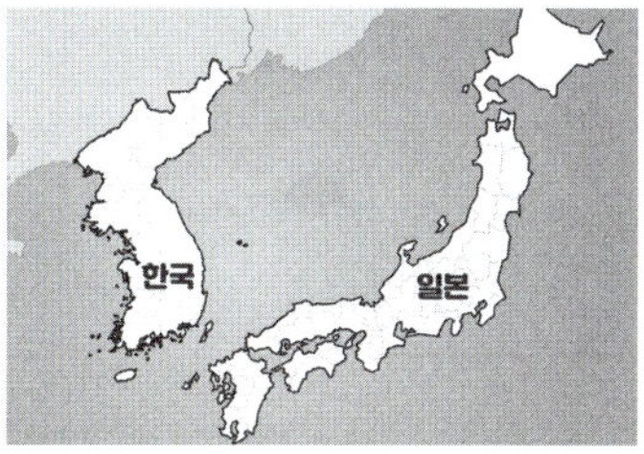

A 일본은 어디에 있어요?

B 한국 옆에 있어요.

(2)

A 타나펀이 어디에 있어요?

B 제이슨 ________ 있어요.

(3)

A ________ 건물은 기숙사예요?

B 아니요. 학교예요.

(4)

A ________ 책은 누구 책이에요?

B 선생님의 책이에요.

2. '에', '과/와'를 사용해서 문장을 만들어 보세요.

(1) | 방 | 가 | 있어요 | 과 | 침대 | 에 | 책장 |

⇨ 방에 책장과 침대가 있어요.

(2) | 지갑 | 에 | 휴대 전화 | 과 | 가 | 가방 안 | 있어요 |

⇨ ________________________________.

(3) | 교실 | 브루나 | 와 | 에 | 있어요 | 제이슨 | 이 |

⇨ ________________________________.

(4) | 학교 | 있어요 | 기숙사 | 에 | 식당 | 와 | 이 |

⇨ ________________________________.

듣기

1. 문장을 듣고 써 보세요. 25

(1) ______________________________

(2) ______________________________

(3) ______________________________

(4) ______________________________

(5) ______________________________

2. 알맞은 것을 골라 보세요. 그리고 들어 보세요. 26

(1)
A 저 모자가 리카 씨 모자예요?
B 맞아요. ______________________________.

① 저 모자가 없어요　　② 저게 제 모자예요

(2)
A 어디에 살아요?
B ______________________________.

① 아파트에 살아요　　② 기숙사 안에 있어요

(3)
A 집 근처에 뭐가 있어요?
B ______________________________.

① 공원이 있어요　　② 신촌에 있어요

말하기

1. 알맞은 것을 골라 써 보세요. 그리고 말해 보세요.

이건 뭐예요	여기가 학생 식당이에요

레아　여기가 학생 식당이에요?
브루나　네. (1) ______________________.
레아　(2) ______________________?
브루나　김밥이에요.

2. 대화를 완성해 보세요.

리카　여보세요. 레아 씨, 제 안경이 (1) ______________________?
레아　잠깐만요. 필통 옆에 없어요.
리카　그럼 가방 안에 있어요?
레아　네. (2) ______________________.
리카　(3) ______________________, 레아 씨.
레아　아니에요.

1
- 여보세요 / 제 안경 | 필통 옆 | 있다?
- 잠깐만요 / 필통 옆 | 없다

2
- 가방 안 | 있다?
- 네. 가방 안 | 있다

3
- 정말 고맙다
- 아니다

3. 다니엘과 제이슨이 모자의 위치에 대해 이야기해요. 대화를 만들고 말해 보세요.

1
- 여보세요 / 제 모자 | 소파 위 | 있다?
- 잠깐만요 / 소파 위 | 없다

2
- 옷장 안 | 있다?
- 네. 옷장 안 | 있다

3
- 정말 고맙다
- 아니다

읽기

1. 다음을 읽어 보세요.

이화여자대학교 도서관

로그인 이용문의 ENG 사이트내 검색

자료검색 전자자료 컬렉션 연구·수업지원 도서관서비스 도서관시설 도서관안내 My ELIS

도서관 안내

도서관 안내 > 도서관 소개 > 도서관 안내

도서관은 학교 안에 있어요. 도서관은 기숙사 뒤에 있어요.

도서관 옆에 공원이 있어요.

도서관 1층에 학생 식당이 있어요. 2층에 휴게실이 있어요.

휴게실에 테이블과 소파가 있어요. 책은 3층과 4층에 있어요.

3층과 4층에 책장이 많아요. 그리고 책상하고 의자가 있어요.

2. 다시 읽고 답해 보세요.

(1) 도서관의 위치로 맞는 것을 골라 보세요.

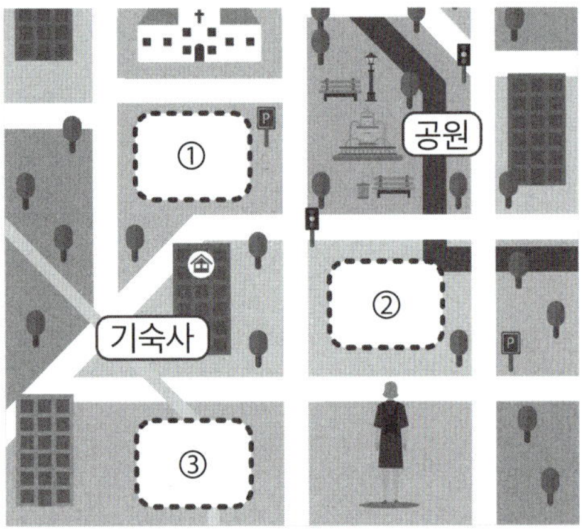

(2) 내용과 같은 것을 골라 보세요.

① 1층에 휴게실이 있어요. ② 2층에 책상과 의자가 있어요. ③ 3층하고 4층에 책이 있어요.

쓰기

1. 다음은 지유의 집을 소개한 그림이에요. 다음을 보고 글을 써 보세요.

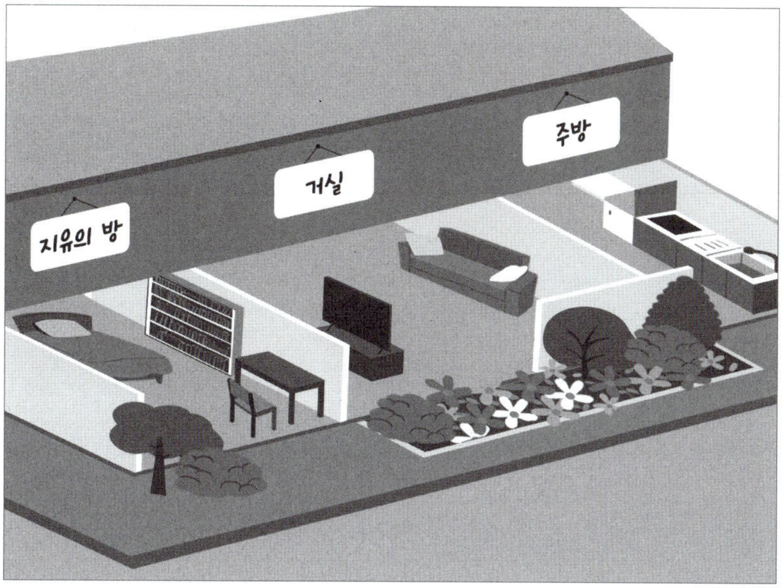

지유의 집

집 앞에 뭐가 있어요?	지유의 집이에요. 집 앞에 나무와 꽃이 있어요. 집에 거실과
집에 뭐가 있어요?	
거실과 방에 뭐가 있어요?	거실에 컴퓨터와 텔레비전이 있어요.
집이 어때요?	지유의 집은 아주 멋있어요.

5 단원 하루 일과 Daily schedule

어휘와 표현 ❶ 수 ②, 시간

p.110

1. 알맞은 것을 써 보세요.

하나					

2. 그림을 보고 알맞은 것을 써 보세요.

(1) 02:07

두 시 칠 분이에요.

(2) 03:19

_______________.

(3) 06:25

_______________.

(4) 08:30

_______________.

(5) 09:48

_______________.

(6) 11:56

_______________.

p.115

1. 알맞은 것을 연결해 보세요.

(1) 빵을 • .... • ① 사요.

(2) 잠을 • • ② 자요.

(3) 수업이 • • ③ 해요.

(4) 아침 식사를 • • ④ 끝나요.

2. 그림을 보고 문장을 완성해 보세요.

(1) 어머니가 일어나요.

(2) 아버지가 ______________.

(3) 민재가 ______________.

(4) 레아가 ______________.

(5) 여동생이 ______________.

문법 ❶ N에(시간)

pp.111~112

1. 표를 완성해 보세요.

N	에	N	에
오전	오전에	5시	
수요일		이번 주	

2. 그림을 보고 문장을 완성해 보세요.

(1) 오전 9시 10분에 수업이 있어요.

(2) ______________ 수업이 끝나요.

(3) ______________ 친구를 만나요.

(4) ______________ 친구와 점심을 먹어요.

(5) ______________ 숙제해요.

(6) ______________ 저녁 식사를 해요.

3. 다음을 보고 대화를 완성해 보세요.

6월						
일	월	화	수	목	금	토
	1	2	3 한국어 수업 시작	4	5 영화	6 친구 생일 파티
7 아르바이트	8	9 시험	10	11	12 문화 수업	13

(1) A 한국어 수업이 언제 시작해요?

B 6월 3일에 시작해요.

(2) A 며칠에 영화를 봐요?

B ______________.

(3) A 친구 생일 파티를 며칠에 해요?

B ______________.

(4) A 무슨 요일에 아르바이트해요?

B ______________.

(5) A 언제 시험이 있어요?

B ______________.

(6) A 무슨 요일에 문화 수업을 가요?

B ______________.

문법 ❷ N부터 N까지

pp.116~117

1. 표를 완성해 보세요.

N	부터	N	까지
월요일	월요일부터	수요일	
두 시		여섯 시	

2. 그림을 보고 문장을 완성해 보세요.

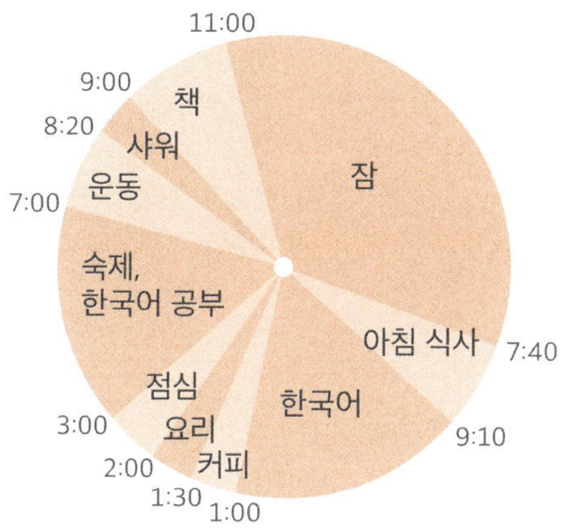

(1) 오전 9시 10분부터 오후 1시까지 한국어를 배워요.

(2) ______________ 요리해요.

(3) ______________ 점심을 먹어요.

(4) ______________ 운동해요.

(5) ______________ 책을 읽어요.

(6) ______________ 잠을 자요.

3. 그림을 보고 대화를 완성해 보세요.

(1)

A 시험이 언제예요?

B 월요일부터 화요일까지예요.

(2)

A 방학이 언제예요?

B ______________.

(3)

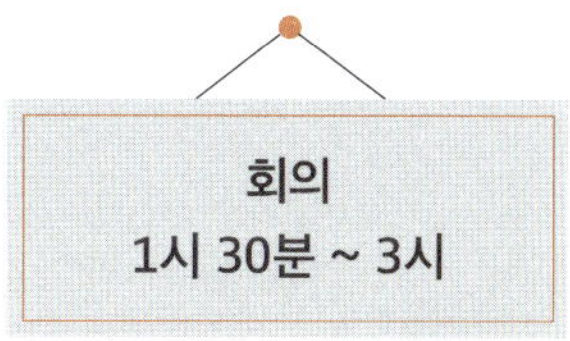

A 회의는 몇 시부터 몇 시까지 해요?

B ______________.

(4)

A 몇 시부터 몇 시까지 영어를 가르쳐요?

B ______________.

문법 ❸ A/V-습니다/ㅂ니다, A/V-습니까?/ㅂ니까?

pp.120~121

1. 표를 완성해 보세요.

A/V	-습니다	-습니까?	A/V	-ㅂ니다	-ㅂ니까?
재미있다	재미있습니다		바쁘다		
읽다			가다		

2. 그림을 보고 대화를 완성해 보세요.

(1) 

A 요즘 바쁩니까?

B 네. 바쁩니다.

(2) 

A 지금 무엇을 합니까?

B 노래를 ____________.

(3) 

A 언제 친구를 만납니까?

B 7시에 ____________.

(4) 

A 아침에 무엇을 ____________?

B 빵을 먹습니다.

(5) 

A 한국어 공부가 재미있습니까?

B 네. ____________.

(6) 

A 리카는 지금 무엇을 합니까?

B 물을 ____________.

3. '-습니다/ㅂ니다'를 사용해서 글을 완성해 보세요.

월요일에 노래를 배워요. 노래 수업은 오후 4시에 있어요. 화요일 수업 후에 한국 친구를 만나요. 그리고 친구와 점심을 먹어요. 목요일에 영화를 봐요. 영화는 저녁 7시에 시작해요. 그리고 토요일과 일요일에 쉬어요.

⇩

월요일에 노래를 (1) 배웁니다. 노래 수업은 오후 4시에 (2) ____________. 화요일 수업 후에 한국 친구를 만납니다. 그리고 친구와 점심을 먹습니다. 목요일에 영화를 (3) ____________. 영화는 저녁 7시에 (4) ____________. 그리고 토요일과 일요일에 (5) ____________.

더 알아보기 ㄹ 탈락

p.121

1. 표를 완성해 보세요.

A/V	-습니다/ㅂ니다	A/V	-습니다/ㅂ니다
힘들다	힘듭니다	놀다	
살다		열다	

2. 문장을 완성해 보세요.

(1) 우리 가족은 프랑스에 삽니다________. (살다)

(2) 도서관은 오전 10시에 문을 ________________. (열다)

(3) 요즘 아르바이트합니다. 그래서 ________________. (힘들다)

(4) 오늘 수업이 없습니다. 그래서 친구와 ________________. (놀다)

3. 그림을 보고 알맞은 것을 골라 대화를 완성해 보세요.

놀다	살다	열다	힘들다

(1)

A 어디에 삽니까?

B 기숙사에 삽니다________.

(2)

A 지금 무엇을 합니까?

B 친구와 ____________.

(3)

A 한국어 공부가 어떻습니까?

B 재미있습니다. 그렇지만 조금 ____________.

(4)

A 은행은 몇 시에 문을 ____________?

B 오전 9시에 문을 ____________.

듣기

1. 문장을 듣고 써 보세요.

27

(1) ______________________________

(2) ______________________________

(3) ______________________________

(4) ______________________________

(5) ______________________________

2. 알맞은 것을 골라 보세요. 그리고 들어 보세요.

28

(1)
A ______________________________?
B 아니요. 없어요. 오전에 수업이 있어요.

① 수업이 언제예요 ② 내일 오전에 시간이 있어요

(2)
A ______________________________?
B 5시에 배워요.

① 요리 교실이 어디예요 ② 몇 시에 요리를 배워요

(3)
A 수업 후에 무엇을 합니까?
B ______________________________.

① 숙제가 힘듭니다 ② 보통 숙제를 합니다

말하기

1. 알맞은 것을 골라 써 보세요. 그리고 말해 보세요.

언제 있어요	1일, 목요일에 시작해요	토요일 오전 11시에 있어요

직원 여보세요. 이화문화센터예요.

타나펀 다음 달 문화 센터 수업은 언제 시작해요?

직원 (1) ______________________.

타나펀 댄스 교실은 (2) ______________________?

직원 수요일 오후 3시와 (3) ______________________.

2. 대화를 완성해 보세요.

브루나 소피아 씨, 도서관은 (1) ______________?

소피아 행복식당 뒤에 있어요.

브루나 (2) ______________________?

소피아 오전 9시부터 오후 6시까지 해요.

브루나 (3) ______________________?

소피아 오후 12시부터 1시까지예요.

1. 도서관 | 어디 | 있다? / 행복식당 뒤 | 있다
2. 몇 시~몇 시? / 오전 9시~오후 6시
3. 점심시간 | 언제? / 오후 12시~1시

3. 레아와 지유가 은행의 위치와 이용 시간에 대해 이야기해요. 대화를 만들고 말해 보세요.

1. 은행 | 어디 | 있다? / 학교 근처 | 있다
2. 몇 시~몇 시? / 오전 9시~오후 4시
3. 점심시간 | 언제? / 오후 12시~1시

읽기

1. 다음을 읽어 보세요.

행복식당

한식

행복식당은 이화여대 지하철역 바로 앞에 있습니다. 월요일부터 일요일까지 합니다. 오전 11시에 문을 엽니다. 밤 10시까지 합니다.

이화카페

커피 · 차

이화카페는 이화여대 안에 있습니다. 월요일부터 금요일까지는 아침 7시부터 밤 9시까지 합니다. 토요일은 아침 8시부터 저녁 7시까지 합니다. 일요일은 쉽니다.

2. 다시 읽고 답해 보세요.

(1) 관계있는 것을 연결해 보세요.

① 행복식당 •

② 이화카페 •

• 월~일
11:00~22:00

• 월~금 7:00~21:00
토 8:00~19:00

(2) 내용과 같은 것을 골라 보세요.

① 행복식당은 이화여대 바로 앞에 있어요.

② 행복식당은 일요일에 쉬어요.

③ 이화카페는 이화여대 안에 있어요.

쓰기

1. 다음은 브루나의 10년 후 하루일과를 소개한 그림이에요. 다음을 보고 글을 써 보세요.

10년 후의 하루 일과

어디에 삽니까? 무슨 일을 합니까? → 저는 지금 한국에 삽니다. 저는 회사원입니다.

몇 시에 일어납니까? → 오전 7시에 일어납니다.

오전에 무엇을 합니까? → ______________________ 오전 9시부터 오후 6시까지 일합니다.

오후에 무엇을 합니까? → ______________________

몇 시에 잡니까? → 밤 11시에 잠을 잡니다.

6 단원 쇼핑과 음식 Shopping and food

어휘와 표현 ❶ 가격, 물건 ②

p.130

1. 그림을 보고 써 보세요.

(1) 

티셔츠

(2) 

____

(3) 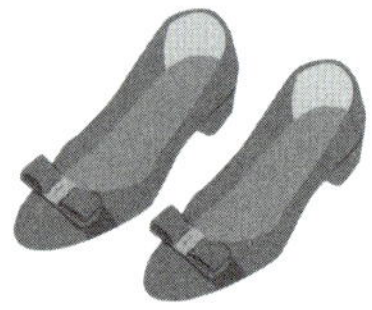

____

(4) 

____

(5) 

____

(6) 

____

2. 그림을 보고 대화를 완성해 보세요.

(1) 

A 볼펜이 얼마예요?

B 천칠백 원이에요.

(2) 

A 가방이 얼마입니까?

B __________.

(3) 

A 이 카메라가 얼마예요?

B __________.

(4) 

A 그 침대가 얼마입니까?

B __________.

어휘와 표현 ❷ 상태 ①

p.135

1. 반대말을 써 보세요.

(1) 비싸요. ↔ 싸요 .

(2) 나빠요. ↔ ______________.

(3) 많아요. ↔ ______________.

(4) 맛있어요. ↔ ______________.

(5) 뜨거워요. ↔ ______________.

2. 그림을 보고 알맞은 것을 골라 문장을 완성해 보세요.

많다	작다	크다	뜨겁다	맛있다	비싸다

(1)

딸기가 작아요 .

(2)

커피가 ______________.

(3)

바지가 ______________.

(4)

운동화가 ______________.

(5)

비빔밥이 ______________.

(6)

도서관에 사람이 ______________.

문법 ① V-고 싶다

pp.131~132

1. 표를 완성해 보세요.

V	-고 싶다	V	-고 싶다
먹다	먹고 싶어요	가다	
입다		만들다	

2. 그림을 보고 문장을 완성해 보세요.

(1)

내일 쇼핑하고 싶어요.

(2)

퇴근 후에 ________________.

(3)

지금 노래를 ________________.

(4)

수업 후에 책을 ________________
________________.

(5)

식사 후에 커피를 ________________
________________.

(6)

오늘 저녁에 드라마를 ________________
________________.

3. 알맞은 것을 골라 문장을 완성해 보세요.

사다	살다	쉬다	하다	만나다

(1) 지금 너무 피곤해요. 그래서 쉬고 싶어요.

(2) 내일 시험이 끝나요. 시험 후에 친구를 ________________.

(3) 7월 5일이 제 생일이에요. 생일 파티를 ________________.

(4) 저는 구두가 없어요. 그래서 구두를 하나 ________________.

(5) 저는 한국을 아주 좋아해요. 그래서 한국에 ________________.

문법 ② V-으세요/세요

pp.136~137

1. 표를 완성해 보세요.

V	-으세요	-지 마세요	V	-세요	-지 마세요
앉다	앉으세요		쉬다		
닫다			열다		

2. 그림을 보고 알맞은 것을 골라 문장을 완성해 보세요.

넣다	쓰다	앉다	오다	읽다	말하다

(1) 9시까지 오세요.

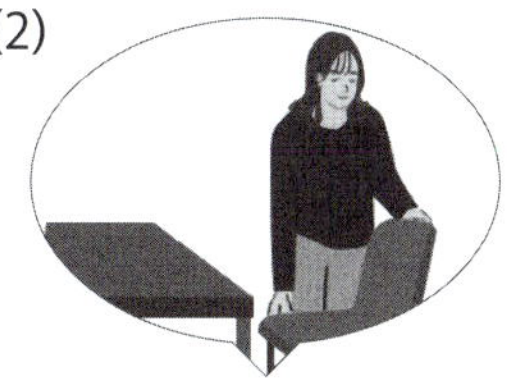

(2) 의자에 ________.

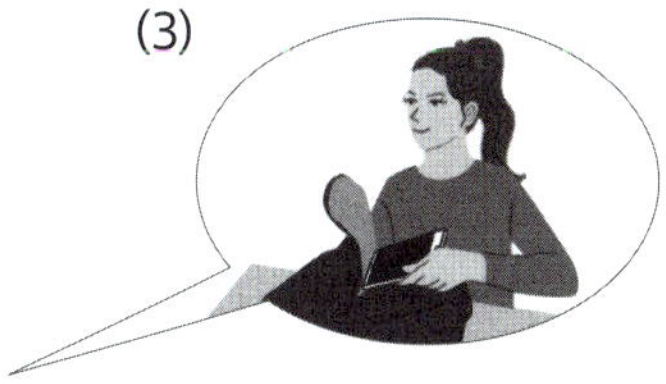

(3) 휴대 전화를 가방에 ________.

(4) 책을 ________.

(5) 공책에 ________.

(6) 레아 씨, ________.

3. 문장을 완성해 보세요.

수업 시간에

(1) 늦지 마세요. (늦다) (2) ________. (잠을 자다)

(3) ________. (음식을 먹다) (4) ________. (휴대 전화를 보다)

문법 ❸ N에(방향)

pp.140~141

1. 표를 완성해 보세요.

N	에	N	에
집	집에	아파트	
교실		기숙사	

2. 그림을 보고 대화를 완성해 보세요.

(1)

A 어디에 가요?

B 학교에 가요.

(2)

A 어디에 가요?

B ______________ 가요.

(3)

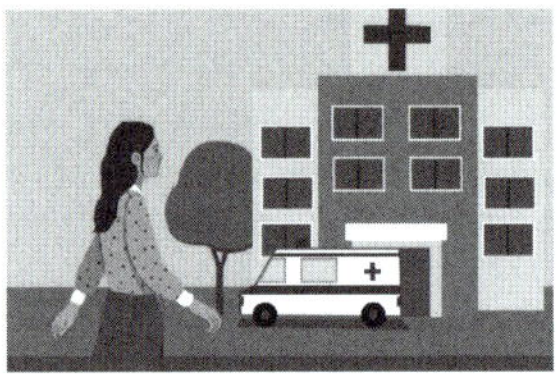

A 어디에 가요?

B ______________ 가요.

(4)

A 회사에 가요?

B 아니요. ______________ 가요.

(5)

A 도서관에 가요?

B 아니요. ______________ 가요.

(6)

A 기숙사에 가요?

B 아니요. ______________ 가요.

3. 문장을 완성해 보세요.

(1) 저는 학생입니다. 언어교육원에 다닙니다. (언어교육원, 다니다)

(2) 다니엘은 회사원입니다. ______________________. (컴퓨터 회사, 다니다)

(3) 다음 주에 시험이 있습니다. 그래서 ______________________. (도서관, 가다)

(4) 제 친구는 프랑스에 삽니다. 다음 주에 ______________________. (한국, 오다)

(5) 저는 보통 오후 6시에 퇴근합니다. 7시에 ______________________. (집, 오다)

더 알아보기 ❶ ㅂ 불규칙

p.135

1. 표를 완성해 보세요.

A/V	-아요/어요	A/V	-아요/어요
고맙다	고마워요	뜨겁다	
차갑다		*입다	

* 규칙 동사

2. 알맞은 것을 골라 대화를 완성해 보세요.

입다	고맙다	뜨겁다	차갑다

(1) A 뭘 마셔요?
B 주스를 마셔요. 주스가 차가워요.

(2) A 아이가 뭐 해요?
B 옷을 ____________.

(3) A 그 커피가 차가워요?
B 아니요. ____________.

(4) A 브루나 씨, 이거 생일 선물이에요.
B 정말 ____________.

더 알아보기 ❷ 개, 권, 명, 병

p.138

1. 알맞은 것을 연결해 보세요. 그리고 써 보세요.

(1)

(2)

(3)

(4)

① 개 ② 권 ③ 명 ④ 병

책 두 권 학생 ____________ 사과 ____________ 주스 ____________

듣기

1. 문장을 듣고 써 보세요.

29

(1) ____________________

(2) ____________________

(3) ____________________

(4) ____________________

(5) ____________________

2. 알맞은 것을 골라 보세요. 그리고 들어 보세요.

30

(1)

A 어서 오세요. ____________________?

B 가방을 사고 싶어요.

① 뭘 찾으세요 ② 이건 얼마예요

(2)

A 어느 식당에 가요?

B 행복식당에 가요. ____________________.

① 같이 쇼핑하고 싶어요 ② 거기 음식이 다 맛있어요

(3)

A 무슨 음식이 ____________________?

B 이 식당은 김치찌개가 괜찮아요.

① 맛이 어때요 ② 제일 맛있어요

말하기

1. 알맞은 것을 골라 써 보세요. 그리고 말해 보세요.

그건 얼마예요	뭘 사고 싶어요	이 운동화는 어때요

샤오동　브루나 씨, (1) ______________________________?

브루나　다음 주 화요일이 언니 생일이에요. 그래서 운동화를 하나 선물하고 싶어요.

샤오동　그래요? 그럼 (2) ______________________________?

브루나　좋아요. (3) ______________________________?

샤오동　67,500원이에요.

2. 대화를 완성해 보세요.

점원　어서 오세요.

리카　안녕하세요? 이 배는 얼마예요?

점원　한 개에 이천오백 원이에요.

　　　(1) ______________________________.

리카　저 수박은 얼마예요?

점원　(2) ______________________________.

리카　그럼 (3) ______________________________.

점원　네. 여기 있습니다. 감사합니다.

1 어서 오세요. / 안녕하세요? 이 배 | 얼마?

2 1개 | 2,500원 3개 | 7,000원 / 저 수박 | 얼마?

3 1개 | 18,000원 / 그럼 배 3개 + 수박 1개 주다

4 네. 여기 있다 감사하다

3. 점원과 레아가 식료품과 식료품 가격에 대해 이야기해요. 대화를 만들고 말해 보세요.

1 어서 오세요. / 안녕하세요? 이 주스 | 얼마?

2 1병 | 3,200원 2병 | 6,000원 / 저 닭고기 | 얼마?

3 1kg | 21,000원 / 그럼 주스 2병 + 닭고기 1kg 주다

4 네. 여기 있다 감사하다

읽기

1. 다음을 읽어 보세요.

축 OPEN 고향집

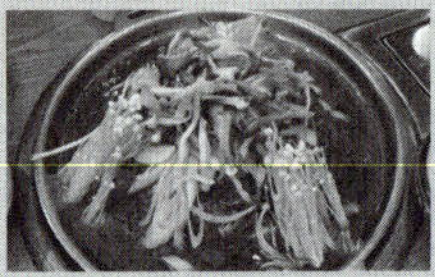

불고기 23,000원

된장찌개 8,000원

비빔밥 10,000원

김치찌개 8,000원

한국 음식을 먹고 싶어요? 그럼 고향집에 오세요!
고향집은 이화여대 바로 앞에 있습니다.
오전 11시부터 오후 9시까지 합니다.
토요일, 일요일에 합니다. 월요일에 쉽니다.

< 오늘의 메뉴 >

- ㊋ 불고기 21,000원
- ㊌ 비빔밥 8,500원
- ㊍ 된장찌개 7,000원
- ㊎ 김치찌개 7,000원

☎ 02-123-1234

2. 다시 읽고 답해 보세요.

(1) '고향집'의 메뉴가 아닌 것을 골라 보세요.

① 비빔밥　　② 불고기　　③ 된장찌개　　④ 김치볶음밥

(2) 내용과 같은 것을 골라 보세요.

① 이 식당은 이화여대 근처에 있어요.

② 이 식당은 화요일부터 금요일까지 문을 열어요.

③ 화요일에 불고기가 이만 삼천 원이에요.

쓰기

1. 다음은 이화카페에 대한 후기예요. 다음을 보고 글을 써 보세요.

리뷰

good** ★★★★★
이화카페는 학교 바로 앞에 있어요! 그래서 학생들이 많아요.

나무** ★★★★
커피, 주스, 아이스크림 모두 맛있어요. 그리고 싸요! 커피는 삼천 원, 주스는 사천오백 원, 아이스크림은 오천 원이에요.

리뷰

2020** ★★★★
케이크는 조금 비싸요. 그렇지만 맛있어요! 또 먹고 싶어요.

KIM** ★★★★★
저는 이화카페에 자주 가요. 카페가 아주 예뻐요. 그리고 맛있어요. 카페 주인이 친절해요~ 이화카페를 추천해요! 😋

이화카페를 추천합니다!

여러분, 안녕하세요? 오늘은 카페를 하나 소개하고 싶습니다.

카페 이름은 무엇입니까? — 그 카페는 ______________________

카페는 어디에 있습니까? — ______________________

무엇이 맛있습니까? 가격은 어떻습니까? — ______________________

____

왜 그 카페를 추천합니까? — ______________________

그래서 저는 이 카페를 좋아합니다. 이 카페를 추천하고 싶습니다.

부록

문법 설명

듣기 지문 및 정답

문법 설명

1 단원 한국어와 한글

1. 모음

▶ **한글에는 총 21개의 모음이 있어요. 10개 단모음(ㅏ, ㅐ, ㅓ ㅔ, ㅗ, ㅚ, ㅜ, ㅟ, ㅡ, ㅣ)과 단모음을 조합해서 만들어진 11개의 이중 모음이 있어요.**

Ⓔ Hangeul has 21 vowels, comprising 10 single vowels(ㅏ, ㅐ, ㅓ, ㅔ, ㅗ, ㅚ, ㅜ, ㅟ, ㅡ, ㅣ) and 11 diphthongs formed by combining these single vowels.

Ⓙ ハングルには全部で21個の母音があります。母音には、10個の単母音(ㅏ、ㅐ、ㅓ、ㅔ、ㅗ、ㅚ、ㅜ、ㅟ、ㅡ、ㅣ)と単母音を組み合わせて作られた11個の二重母音があります。

Ⓒ 韩文共有21个母音。包含10个单母音(ㅏ、ㅐ、ㅓ、ㅔ、ㅗ、ㅚ、ㅜ、ㅟ、ㅡ、ㅣ)和由单母音组合成的复合母音。

Ⓒ 韓文共有21個母音。包含10個單母音(ㅏ、ㅐ、ㅓ、ㅔ、ㅗ、ㅚ、ㅜ、ㅟ、ㅡ、ㅣ)和由單母音組合成的複合母音。

▶ **'ㅐ'와 'ㅔ', 'ㅒ'와 'ㅖ'는 원래 다른 소리지만 대부분의 한국 사람들은 차이 없이 비슷하게 발음해요.**

Ⓔ Although strictly speaking, ㅐ and ㅔ, ㅒ and ㅖ are supposed to be different in their pronunciation, Koreans often pronounce these vowels the same in ordinary speech.

Ⓙ 「ㅐ」と「ㅔ」、「ㅒ」と「ㅖ」は元々は異なる音ですが、韓国人の多くは両者を同じように発音します。

Ⓒ "ㅐ"和"ㅔ", "ㅒ"和"ㅖ"虽然原来发音不同，但大部分韩国人没有进行区分，发相似的音。

Ⓒ 「ㅐ」和「ㅔ」、「ㅒ」和「ㅖ」雖然原本的發音不同，但大部分韓國人讀成相似的發音，沒有嚴格區別。

▶ **'ㅙ', 'ㅚ', 'ㅞ'는 원래 소리에 조금씩 차이가 있지만 대부분의 한국 사람들은 차이 없이 비슷하게 발음해요.**

Ⓔ Although ㅙ, ㅚ and ㅞ are slightly different in their pronunciation, Koreans often pronounce these vowels with no distinction in ordinary speech.

Ⓙ 「ㅙ」「ㅚ」「ㅞ」は元々は音に少しずつ違いがありますが、韓国人の多くはこれらを同じように発音します。

Ⓒ "ㅙ"、"ㅚ"、"ㅞ"虽然原来在发音上有点儿区别，但大部分韩国人没有进行区分，发相似的音。

Ⓒ 「ㅙ」、「ㅚ」、「ㅞ」雖然原本的發音有一點差異，但大部分韓國人讀成相似的發音，沒有嚴格區別。

* Ⓒ 중국어간체판 Ⓒ 중국어번체판

2. 자음

▶ **한글에는 총 19개의 자음이 있어요. 기본 자음인 'ㄱ, ㄴ, ㅁ, ㅅ, ㅇ' 5자를 바탕으로 획을 추가하거나 같은 자음을 나란히 쓰는 방식으로 다른 자음을 만들었어요.**

Ⓔ Hangeul has 19 consonants, consisting of 5 basic consonants(ㄱ, ㄴ, ㅁ, ㅅ, ㅇ), with the other consonants formed by adding strokes to or doubling these five basic consonants.

Ⓙ 子音の数は全部で計19個です。基本子音である「ㄱ、ㄴ、ㅁ、ㅅ、ㅇ」の5つをもとに、画数を追加したり同じ子音を重ねたりすることで異なる子音が作られました。

㊥ 辅音一共有19个。在五个基本字母"ㄱ、ㄴ、ㅁ、ㅅ、ㅇ"上添加笔画或把两个相同字母合并起来组成别的辅音。

㊥ 子音一共有19個。在五個基本字母「ㄱ、ㄴ、ㅁ、ㅅ、ㅇ」上添加筆畫或把兩個相同字母合併起來組成不同的子音。

3. 음절의 구성

▶ **한글은 음절 단위로 구성돼요. 한글의 음절은 '모음, 자음+모음, 모음+자음, 자음+모음+자음' 구조로 되어 있어요. 한글은 자음과 모음을 음절 단위로 모아서 써야 해요. 그리고 글자는 왼쪽에서 오른쪽, 위에서 아래 방향으로 써야 해요.**

Ⓔ Hangeul is written in syllables. The syllables of Hangeul have a structure of vowel, consonant + vowel, vowel + consonant, consonant + vowel + consonant. And the letters have to be written from left to right, from top to bottom.

Ⓙ ハングルは音節単位で表され、その音節は「母音、子音＋母音、母音＋子音、子音＋母音＋子音」という構成で成り立っています。そのため、ハングルを書くときは子音と母音を音節単位で組み合わせて書きます。また、文字の書き順は、左から右、上から下へと書きます。

㊥ 韩文由音节单位组合而成。韩文的音节是由"元音、辅音+元音、元音+辅音、辅音+元音+辅音"的结构组合而成。构成音节时，每个字如下图所示，不要分散着写，要合并写在一起。要按照从左到右，从上到下的顺序来写。

㊥ 韓字以音節為單位組合使用。韓字的音節是由「母音、子音+母音、母音+子音、子音+母音+子音」的結構組合而成。韓字以子音和母音為音節的單位，將其合併寫在一起。書寫時要按照從左到右、從上到下的順序來寫。

▶ **모음이 단독으로 음절을 이루는 경우 모음 앞에 소리가 없는 'ㅇ'을 붙여요. 음절이 자음으로 끝나는 경우에 마지막 자음을 아래쪽에 쓰며 이것을 받침이라고 불러요.**

Ⓔ If a vowel forms a syllable by itself, a placeholder 'o' is added to the vowel. When a syllable ends with a consonant, it is called the final consonant and is written under the vowels.

Ⓙ 母音が単独で音節をなす場合は、母音の前に音のない「ㅇ」をつけます。音節が子音で終わる場合には最後の子音を下に書きます。これをパッチムと言います。

Ⓒ 单独一个元音组成音节的情况时，在元音前加上不发音的"ㅇ"。以辅音字母结尾的音节，写在最下面的辅音称为收音。

Ⓣ 單獨一個母音組成音節的情況時，在母音前加上不發音的「ㅇ」。以子音字母結尾的音節，寫在最下面的子音稱為收音。

▶ **모음이 단독으로 음절을 이룰 수도 있고 모음과 자음이 결합하여 음절을 이룰 수도 있어요. 수직 모음(ㅏ, ㅓ, ㅣ 등)은 자음을 왼쪽에, 수평 모음(ㅗ, ㅜ, ㅡ 등)은 자음을 위에 써요.**

Ⓔ Vowels may form syllables alone, or vowels and consonants may be combined to form syllables. With vertical vowels(ㅏ, ㅓ, ㅣ, etc.), consonants are written on the left, and with horizontal vowels(ㅗ, ㅜ, ㅡ, etc.), consonants are written on the top.

Ⓙ 母音が単独で音節になることもあるし、母音と子音が組み合わさって音節になることもあります。垂直の母音(ㅏ、ㅓ、ㅣ など)は子音を左側に、水平の母音(ㅗ、ㅜ、ㅡなど)は子音を上に書きます。

Ⓒ 元音可单独组成一个音节，元音和辅音结合在一起也可组成音节。垂直元音(ㅏ，ㅓ，ㅣ等)写在辅音右边，水平元音(ㅗ、ㅜ、ㅡ等)写在辅音下面。

Ⓣ 母音可單獨組成一個音節，母音和子音結合在一起也可組成音節。當母音是垂直母音(ㅏ、ㅓ、ㅣ等)時，將子音寫在左邊；水平母音(ㅗ、ㅜ、ㅡ等)時，將子音寫在上面。

▶ **음절 구성을 표로 나타내면 다음과 같아요.**

Ⓔ The structure of Korean syllables is as follows.

Ⓙ 音節は次のように構成されています。

Ⓒ 音节的构成方式如下表所示。

Ⓣ 音節的構成方式如下表所示。

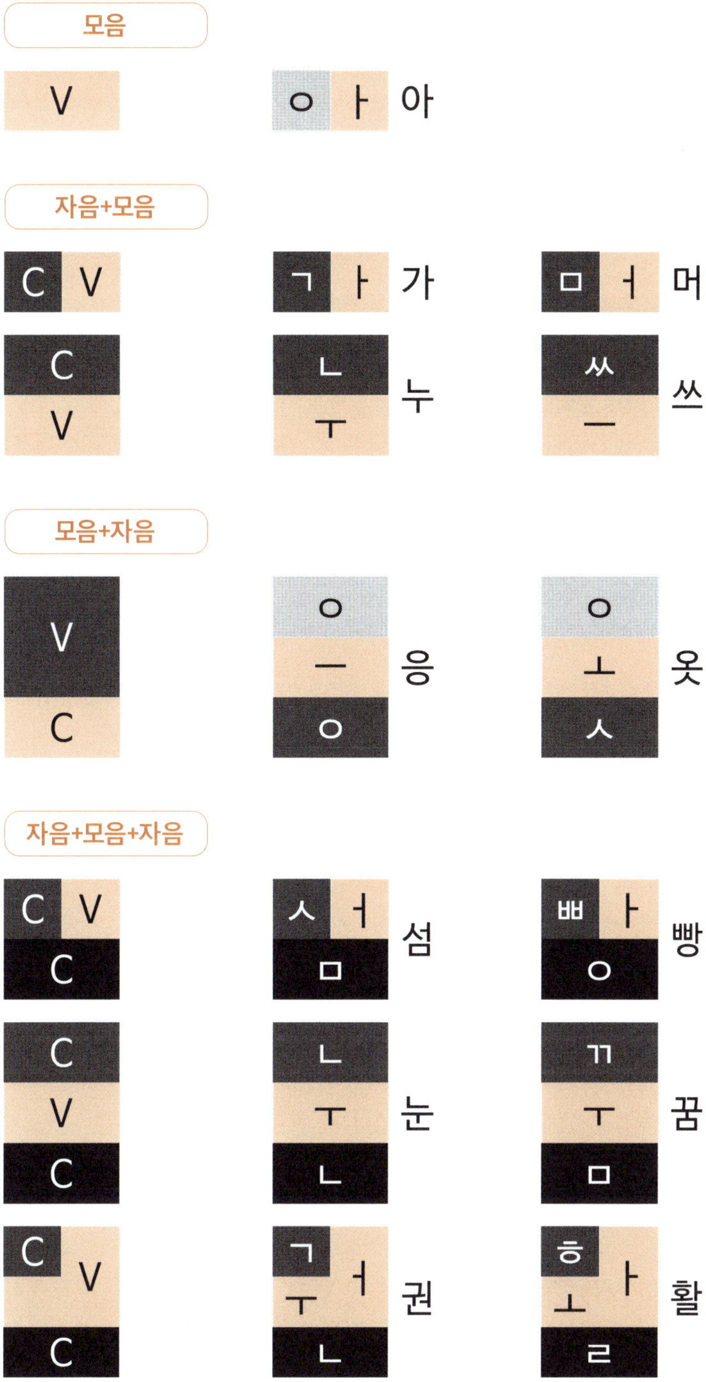

4. 받침

▶ 'ㄸ, ㅃ, ㅉ'를 제외한 모든 자음은 받침으로 쓸 수 있어요. 받침은 모음 아래에 써야 해요. 받침을 읽을 때는 [ㄱ, ㄴ, ㄷ, ㄹ, ㅁ, ㅂ, ㅇ] 7개로만 발음할 수 있어요. 받침을 발음할 때는 공기가 입에서 나오는 것을 막아야 해요.

Ⓔ Except for ㄸ, ㅃ, ㅉ, all other consonants can be used as final consonants. Final consonants should be written below the vowels. When pronouncing final consonants, you can only pronounce them as one of the seven sounds: [ㄱ, ㄴ, ㄷ, ㄹ, ㅁ, ㅂ, ㅇ]. When pronouncing final consonants, you need to block the airflow in your mouth.

Ⓙ 「ㄸ、ㅃ、ㅉ」を除くすべての子音はパッチムとして使うことができます。パッチムは母音の下に書き、音の種類は[ㄱ、ㄴ、ㄷ、ㄹ、ㅁ、ㅂ、ㅇ]の7つです。パッチムは、空気が口から漏れないように発音しなければなりません。

Ⓒ 除了"ㄸ、ㅃ、ㅉ"以外的所有子音，都可以用来做为收音。收音必须写在母音的下方。收音只有[ㄱ、ㄴ、ㄷ、ㄹ、ㅁ、ㅂ、ㅇ]这七个读音，在读收音时，必须阻断口腔中的气流。

Ⓣ 除了「ㄸ、ㅃ、ㅉ」以外的所有子音，都可以用來做為收音。收音必須寫在母音的下方。收音只有[ㄱ、ㄴ、ㄷ、ㄹ、ㅁ、ㅂ、ㅇ]這七個讀音，在讀收音時，必須阻斷口腔中的氣流。

음가	받침	예
[k]	ㄱ, ㅋ, ㄲ	책, 부엌, 밖
[n]	ㄴ	눈, 손, 친구
[t]	ㄷ, ㅅ, ㅈ, ㅊ, ㅌ, ㅎ, ㅆ	듣다, 옷, 낮, 꽃, 밑, 히읗, 있다
[l]	ㄹ	물, 발, 가을
[m]	ㅁ	밤, 섬, 바람
[p]	ㅂ, ㅍ	밥, 입, 앞
[ŋ]	ㅇ	공, 방, 시장

5. 문장 만들기

▶ **한국어의 기본 문장 구조는 '주어 + 서술어' 또는 '주어 + 목적어 + 서술어'예요. 보통 주어 뒤에는 주격 조사 '이/가', 목적어 뒤에는 목적격 조사 '을/를'이 붙어요. 문장에서 주어와 목적어는 주어, 목적어 순서로 쓰는데 위치가 바뀌거나 주어가 생략되는 경우도 있어요.**

Ⓔ The basic sentence structure in Korean is 'subject + predicate' or 'subject + object + predicate.' Typically, you attach the subject particle 이/가 after the subject, and you attach the object particle 을/를 after the object. In sentences, the subject and object are written in the subject-object order, but there are cases where their positions are switched, or the subject is omitted.

Ⓙ 韓国語の基本的な文の構造は「主語＋述語」または「主語＋目的語＋述語」で、普通、主語の後ろに主格助詞「이/가」、目的語の後ろに目的格助詞「을/를」が付きます。文では主語の後に目的語が来ますが、主語と目的語の位置が変わったり、主語が省略される場合もあります。

㊥ 韩语的基本句子结构为“主语+谓语”或“主语+宾语+谓语”。通常在主语后的主格助词为“이/가”、宾语后的宾格助词为“을/를”。在句子中，一般以主语、宾语的顺序书写，但也有交换顺序或省略主语的情况。

㊥ 韓語的基本句子結構為「主語+謂語」或「主語+賓語+謂語」。通常在主語後的主格助詞為「이/가」、賓語後的賓格助詞為「을/를」。在句子中，一般以主語、賓語的順序書寫，但也有交換順序或省略主語的情況。

•	리카가	빵을	먹어요.	•	제가	한국어 책을	읽어요.
	주어	목적어	서술어		주어	목적어	서술어
=	빵을	리카가	먹어요.	=	한국어 책을	읽어요.	
	목적어	주어	서술어		목적어	서술어	

▶ **문장의 서술어는 다양한 형태로 나타나요. 서술어에 명사가 쓰이는 경우 명사 뒤에 '이에요/예요, 입니다' 등을 사용해요. 서술어에 동사와 형용사가 오는 경우 어간 뒤는 '-아요/어요, -습니다/ㅂ니다' 등으로 바꾸어 사용해요.**

Ⓔ The predicate of the sentence appears in various forms. When nouns are used in predicates, 이에요/예요 comes after nouns. When verbs and adjectives come in the predicate, -아요/어요, -습니다/ㅂ니다, etc comes after the stem.

㊐ 文章の述語は様々な形で表れます。述語に名詞が使われる場合、名詞の後ろに「이에요/예요、입니다」などがつきます。また、述語に動詞や形容詞が来る場合、語幹の後ろを「-아요/어요、-습니다/ㅂ니다」などに変えて使います。

㊥ 句子的谓语可以 多种形态出现。谓语是名词时，在名词后使用“이에요/예요、입니다”等。谓语是 动词或形容词的情况下，句尾可以使用“-아요/어요、-습니다/ㅂ니다”等语尾。

㊥ 句子的謂語可以多種形態出現。當謂語以名詞結尾時，在名詞後使用「이에요/예요、입니다」等。謂語為動詞或形容詞的情況下，把語尾變成「-아요/어요、-습니다/ㅂ니다」等。

- 선생님**이에요**.
- 학생**입니다**.
- 친구**예요**.
- 리카**입니다**.

- 학생이 **가요**.
- 제이슨이 **갑니다**.
- 학생이 사과를 **먹어요**.
- 제이슨이 과자를 **먹습니다**.

2 단원 소개

1. N이에요/예요

의미

▶ **명사에 붙어 그 명사가 문장의 서술어가 되게 해요. 질문과 대답에 모두 사용해요. 명사의 끝음절에 받침이 있으면 '이에요', 받침이 없으면 '예요'를 사용해요.**

Ⓔ 이에요/예요 is attached to a noun and makes that noun the predicate of the sentence. It is used for both questions and answers. 이에요 is used when the noun ends with a consonant, while 예요 is used when the noun does not end with a consonant.

Ⓙ 「이에요/예요」は名詞に付いて、その名詞を文の述語にします。これは、質問と答えのどちらにも使うことができます。名詞の最後の音節にパッチムがあるときは「이에요」、パッチムがないときは「예요」を使います。

Ⓒ "이에요/예요"用在名词后，该名词充当句子的谓语。在提问和回答中都可以使用。名词的最后一个音节如果有收音的话使用"이에요"，没有收音的话使用"예요"。

Ⓣ 「이에요/예요」用在名詞後，該名詞作為句子的謂語，使用在提問和回答中。名詞的最後一個音節如果有收音的話使用「이에요」，沒有收音的話使用「예요」。

받침 ○ + 이에요　　예) 선생님**이에요**
받침 × + 예요　　예) 친구**예요**

유의

◆ **명사 뒤에 바로 붙여서 써요. 띄어쓰기를 하지 않아요.**

Ⓔ It is attached directly to a noun without a space.

Ⓙ 「이에요/예요」は、名詞のすぐ後ろに付き、分かち書きをしません。

Ⓒ "이에요/예요"紧贴在名词后书写，不需要空一格。

Ⓣ 「이에요/예요」緊貼在名詞後書寫，不需要空一格。

- 저는 러시아 사람**이에요**.
- 제 이름은 샤니**예요**.

2. N은/는

의미

▶ **명사에 붙어 그 명사가 문장에서 주제임을 나타낼 때 사용해요. 명사의 끝음절에 받침이 있으면 '은', 받침이 없으면 '는'을 사용해요.**

Ⓔ 은/는 is a particle attached to a noun to make that noun the topic of the sentence. 은 is used when the noun ends with a consonant, while 는 is used when the noun does not end with a consonant.

Ⓙ 「은/는」は名詞に付いて、その名詞が文の主語であることを表すときに使います。名詞の最後の音節にパッチムがあるときは「은」、パッチムがないときは「는」を使います。

㊥ "은/는"接在名词后，这个名词在句子中作为主体出现使用。名词的最后一个音节如果有收音的话使用"은"，没有收音的话使用"는"。

㊥ 「은/는」接在名詞後，表示這個名詞是句子的主題。名詞的最後一個音節如果有收音的話使用「은」，沒有收音的話使用「는」。

받침 ○ + 은 예) 학생**은**

받침 × + 는 예) 저**는**

유의

◆ **N에 받침이 없을 경우에 '는'은 말할 때 'ㄴ'으로 줄여서 쓸 수 있어요.**

Ⓔ When there is no final consonant in N, 는 can be shortened to ㄴ when spoken.

Ⓙ 名詞にパッチムがない場合、話し言葉では「는」を「ㄴ」に縮約して表すことができます。

㊥ 当N没有收音时，在口语中"는"可以略缩为"ㄴ"。

㊥ 當N沒有收音時，在口語中「는」可以略縮為「ㄴ」。

- 전 박지유예요.

3. N이/가 아니에요

의미

▶ **명사에 붙어 그 명사를 부정할 때 사용해요. 'N이에요/예요'의 부정형이에요. 명사의 끝음절에 받침이 있으면 '이 아니에요', 받침이 없으면 '가 아니에요'를 사용해요.**

Ⓔ 이/가 아니에요 is attached to a noun to indicate that the noun is not the subject. It is the negative form of N이에요/예요. 이 아니에요 is used when the noun ends with a consonant, while 가 아니에요 is used when the noun does not end with a consonant.

日 「이/가 아니에요」は名詞に付いて、その名詞を否定するときに使います。これは「N이에요/예요」の否定形です。名詞の最後の音節にパッチムがあるときは、「이 아니에요」、パッチムがないときは「가 아니에요」を使います。

中 "이/가 아니에요"接在名词后，在否定那个名词时使用。是"N이에요/예요"的否定型。名词的最后一个音节如果有收音的话使用"이 아니에요"，没有收音的话使用"가 아니에요"。

中 「이/가 아니에요」接在名詞後，用在否定這個名詞時。是「N이에요/예요」的否定句型。名詞的最後一個音節如果有收音的話使用「이 아니에요」，沒有收音的話使用「가 아니에요」。

받침 ○ + 이 아니에요　　예) 선생님**이 아니에요**
받침 × + 가 아니에요　　예) 친구**가 아니에요**

유의

◆ **'아니에요'는 '이에요/예요'의 부정 표현이에요. '이에요/예요'는 '이/가' 없이 명사에 바로 붙여 써요. 그렇지만 '아니에요' 앞의 명사에는 '이/가'를 꼭 붙여서 써야 해요.**

E 아니에요 is the negative form of 이에요/예요. 이에요/예요 is attached to a noun without 이/가, but for 아니에요, 이/가 is attached to the preceding noun.

日 「아니에요」は「이에요/예요」の否定表現です。「이에요/예요」は「이/가」なしでも名詞に付けらますが、「아니에요」は「이/가」を前の名詞の後ろに必ず付けなければなりません。

中 "아니에요"是"이에요/예요"的否定型。使用"이에요/예요"时，名词后面无须加"이/가"，直接紧贴着"이에요/예요"。但"아니에요"前面的名词，一定要加上"이/가"。

中 「아니에요」是「이에요/예요」的否定型。使用「이에요/예요」時，名詞後面不須加「이/가」，直接緊貼著「이에요/예요」。但「아니에요」前面的名詞，一定要加上「이/가」。

- 선생님의 책**이 아니에요**.
- 선생님의 책**이에요**.

4. N의 N

의미

▶ **명사에 붙어 뒤의 명사가 앞의 명사에 소유됨을 나타내요.**

E 의 is a particle attached to a noun to indicate that the following noun is possessed by the preceding noun.

日 「의」は名詞に付いて、後ろの名詞が前の名詞に所有されていることを表します。

㊥ "의"接在名词后，表示后面的名词为前面名词的所属。

㊥ 「의」接在名詞後，表示後面的名詞是前面名詞的所屬關係。

받침 ○ + 의　　예) 선생님**의** 책
받침 × + 의　　예) 리카**의** 언니

유의

◆ **'저의'는 '제', '나의'는 '내'로 줄여서 써요.**

Ⓔ 저의 is shortened to 제, and 나의 is shortened to 내.

㊐ 「저의」は「제」、「나의」は「내」と縮約して表すことができます。

㊥ "저의"缩写成"제"，"나의"缩写成"내"。

㊥ 「저의」縮寫成「제」，「나의」縮寫成「내」。

- 사유리는 **제** 친구예요.
- **내** 이름은 수진이에요.

◆ **'N의 N'에서 '의'는 말할 때 '에'로 발음할 수 있어요.**

Ⓔ 의 in N의 N can be pronounced as [에].

㊐ 「N의 N」の「의」は話し言葉では「에」と発音することができます。

㊥ 在说"N의 N"时，"의"可以读成"에"的音。

㊥ 在說「N의 N」時，「의」可以讀成「에」的音。

- 친구**의** 이름은 사유리예요.
  [친구의] (○)
  [친구에] (○)

3 단원 일상생활

1. A/V-아요/어요

의미

▶ **'-아요/어요'는 형용사, 동사에 붙어 동작이나 상태를 질문하고 대답할 때 사용해요. 형용사나 동사 어간의 끝음절 모음이 'ㅏ, ㅗ'인 경우에는 '-아요'를 사용하고 형용사나 동사 어간의 끝음절 모음이 'ㅏ, ㅗ'가 아닌 경우에는 '-어요'를 사용해요.**

Ⓔ -아요/어요 is attached to an adjective or a verb to ask and answer about actions or states. -아요 is used when the last vowel of the stem of the adjective or verb is ㅏ or ㅗ, while -어요 is used with all the other vowels.

Ⓙ 「-아요/어요」は形容詞、動詞に付いて、動作や状態を尋ねたり答えたりするときに使います。形容詞や動詞の語幹の最後の音節に母音「ㅏ、ㅗ」がある場合は「-아요」、母音が「ㅏ、ㅗ」以外の場合は「-어요」を使います。

Ⓒ "-아요/어요"接在形容词、动词后，回答动作或状态的问题时使用。当形容词或动词词干的最后一个音节母音为"ㅏ、ㅗ"时，使用"-아요"；最后一个音节母音不是"ㅏ、ㅗ"时，使用"-어요"。

Ⓣ 「-아요/어요」接在形容詞、動詞後，在詢問和回答動作或狀態時使用。當形容詞或動詞詞幹的最後一個音節母音為「ㅏ、ㅗ」時，使用「-아요」；最後一個音節母音不是「ㅏ、ㅗ」時，使用「-어요」。

'ㅏ, ㅗ' 모음 + -아요　　　예) 놀**아요**
'ㅏ, ㅗ' 외의 모음 + -어요　　예) 입**어요**

유의

◆ **'하다'가 붙은 동사 및 형용사는 '해요'로 써요.**

Ⓔ For verbs and adjectives that end in 하다, 해요 is used.

Ⓙ 「하다」で終わる動詞及び形容詞とともに使う場合「해요」となります。

Ⓒ 以"하다"结尾的动词和形容词，写成"해요"。

Ⓣ 以「하다」結尾的動詞和形容詞，寫成「해요」。

- 동생은 지금 공부**해요**.
- 브루나는 요즘 뭐 **해요**?

◆ **비격식적인 상황에서 주로 사용돼요. 그리고 예의와 격식을 차려서 말해야 하는 상황에는 '-습니다/ㅂ니다'를 사용해요.**

Ⓔ -아요/어요 is used in informal situations. -습니다/ㅂ니다 is the most formal honorific ending, and it is used in situations where politeness and formality are required.

㊐ 「-아요/어요」は主にカジュアルな場面で使われます。礼儀や格式が重んじられる公式的な場面では「-습니다/ㅂ니다」を使います。

㊥ "-아요/어요"主要使用在非正式性的一般场合中。在需要礼貌且正式地说话的场合中，使用"-습니다/ㅂ니다"。

㊥ 「-아요/어요」主要使用在非正式性的一般場合中。在需要禮貌且正式地說話的場合中，使用「-습니다/ㅂ니다」。

- 샤니 씨, 내일 수업이 있**어요**.
  여러분, 내일 회의가 있**습니다**.

◆ **표로 정리하면 다음과 같아요.**

Ⓔ The examples are as follows.

㊐ 表にまとめると次のようになります。

㊥ 用表整理后如下所示。

㊥ 整理後的表如下。

어간 모음	형태	예
ㅏ/ㅗ	-아요	많다 : 많- + -아요 → 많아요
		좋다 : 좋- + -아요 → 좋아요
		가다 : 가- + -아요 → (가아요) → 가요
		보다 : 보- + -아요 → 보아요 → 봐요
ㅏ/ㅗ 외	-어요	먹다 : 먹- + -어요 → 먹어요
		일어서다 : 일어서- + -어요 → (일어서어요) → 일어서요
		쉬다 : 쉬- + -어요 → 쉬어요
		마시다 : 마시- + -어요 → (마시어요) → 마셔요
		주다 : 주- + -어요 → 주어요 → 줘요
		보내다 : 보내- + -어요 → 보내요
하다	-아요	하다 : 하- + -아요 → 해요

2. N이/가

의미

▶ **'이/가'는 명사에 붙어 그 명사가 문장의 주어임을 나타내요. 명사의 끝음절에 받침이 있으면 '이'를 사용하고 명사의 끝음절에 받침이 없으면 '가'를 사용해요.**

Ⓔ 이/가 is a particle attached to a noun to make that noun the subject of the sentence. 이 is used when the noun ends with a consonant, while 가 is used when the noun does not end with a consonant.

㊐ 「이/가」は名詞に付いて、その名詞が文の主語であることを表します。名詞の最後の音節にパッチムがあるときは「이」、パッチムがないときは「가」を使います。

㊥ "이/가"接在名词后，使该名词作句子的主语。名词的最后一个音节如果有收音的话使用"이"，没有收音的话使用"가"。

㊥ 「이/가」接在名詞後，表示這個名詞是句子的主語。名詞的最後一個音節如果有收音的話使用「이」，沒有收音的話使用「가」。

받침 ○ + 이　　예) 선생님**이**
받침 × + 가　　예) 친구**가**

유의

◆ **'저, 나'와 '가'가 함께 쓰이면 '제가, 내가'로 써요.**

Ⓔ When 저 or 나 is used with 가, it changes to 제가 or 내가.

㊐ 「저、나」に「가」が続くときは「제가、내가」となります。

㊥ "저、나"和"가"放在一起时，写成"제가、내가"。

㊥ 「저、나」和「가」放在一起時，寫成「제가、내가」。

- **제가** 다니엘이에요.
- **내가** 레아의 친구예요.

◆ **'누구'와 '가'가 함께 쓰이면 '누가'로 써요.**

Ⓔ When 누구 is used with 가, it changes to 누가.

㊐ 「누구」に「가」が続くときは「누가」となります。

㊥ "누구"和"가"放在一起时，写成"누가"。

㊥ 「누구」和「가」放在一起時，寫成「누가」。

- **누가** 중국 사람이에요?
- **누가** 고향 친구예요?

◆ **정보의 초점이 서술절에 있을 때는 '이/가' 대신에 '은/는'을 써요.**

Ⓔ When the focus of the information is on the predicate, 은/는 is used instead of 이/가.

㊐ 情報の焦点が述語にある時は「이/가」の代わりに「은/는」を使います。

㊥ 当信息的焦点在谓语部分时，将"이/가"替换成"은/는"。

㊥ 當訊息的焦點在謂語子句時，將「이/가」替換成「은/는」。

- A 누가 제이슨의 친구예요?
  B **제가** 제이슨의 친구예요.
- A 이름**이** 뭐예요?
  B 제 이름**은** 샤오둥이에요.

3. N을/를

의미

▶ **'을/를'은 명사에 붙어 주어의 행위가 미친 직접적인 대상을 나타내요. 문장의 목적어임을 나타낼 때 사용해요. 명사의 끝음절에 받침이 있으면 '을'을 사용하고 명사의 끝음절에 받침이 없으면 '를'을 사용해요.**

Ⓔ 을/를 is a particle attached to a noun to make that noun the direct object of the sentence. 을 is used when the noun ends with a consonant, while 를 is used when the noun does not end with a consonant.

㊐ 「을/를」は名詞に付いて主語の行為が及んだ直接的な対象を表し、文の目的語であることを表す時に使用します。名詞の最後の音節にパッチムがあるときは「을」、パッチムがないときは「를」を使います。

㊥ "을/를"放在名词后，一般指受主语动作影响的对象。在句子中作宾语使用。名词的最后一个音节如果有收音的话使用"을"，没有收音的话使用"를"。

㊥ 「을/를」放在名詞後，一般指受主語動作影響的對象。在句子中作賓語使用。名詞的最後一個音節如果有收音的話使用「을」，沒有收音的話使用「를」。

받침 ○ + 을　　예) 학생**을**
받침 × + 를　　예) 커피**를**

유의

◆ **'을/를'은 주로 '먹다, 보다, 쓰다' 등과 같은 타동사와 함께 쓰여요. 형용사와 함께 쓸 수 없어요.**

Ⓔ 을/를 is usually used with verbs such as 먹다, 보다, 쓰다. It cannot be used with adjectives.

㊐ 「을/를」は主に「먹다、보다、쓰다」などの他動詞とともに使われ、形容詞とともに使うことはできません。

㊥ "을/를"主要和"먹다、보다、쓰다"等他动词一起使用，不能和形容词放在一起使用。

㊥ 「을/를」主要和「먹다、보다、쓰다」等他動詞一起使用，不能和形容詞放在一起使用。

- 나는 영화를 좋아해요. (ㅇ)
  나는 영화를 좋아요. (×)

◆ **'를'은 받침이 없는 명사와 결합하여 말할 때 'ㄹ'로 줄여 쓸 수 있어요.**

Ⓔ 를 can be shortened to ㄹ when combined with a noun that does not have a final consonant.

Ⓙ 「를」がパッチムのない名詞と結び付いたとき、話し言葉では「ㄹ」に縮約して表すことができます。

Ⓒ 当"를"和没有收音的名词结合使用时，在口语中可以略缩为"ㄹ"。

Ⓣ 當「를」和沒有收音的名詞結合使用時，在口語中可以略縮為「ㄹ」。

- 형은 뭘 좋아해요?
- 리카는 누굴 만나요?

4. 으 탈락

의미

▶ **모음 'ㅡ'로 끝나는 형용사, 동사에 '-아/어-'로 시작하는 어미가 오면 어간의 'ㅡ'가 탈락해요.**

Ⓔ When the stem of an adjective or verb ends in ㅡ and is followed by an ending that starts with -아/어-, then ㅡ of the stem is omitted.

Ⓙ 語幹が母音「ㅡ」で終わる形容詞や動詞に「-아/어-」で始まる語尾が来る場合、語幹の「ㅡ」が脱落します。

Ⓒ 词干以元音"ㅡ"结尾的动词或形容词，遇到以"-아/어-"开始的语尾时，"ㅡ"要脱落。

Ⓣ 當詞幹以母音「ㅡ」結尾的動詞或形容詞，加上以「-아/어-」開始的語尾時，「ㅡ」要脫落。

'ㅏ, ㅗ' 모음 + 'ㅡ' 모음 + 아요 → ~~ㅡ~~　　예) 아~~프~~ + 아요 → 아**파요**
'ㅏ, ㅗ' 외의 모음 + 'ㅡ' 모음 + 어요 → ~~ㅡ~~　　예) 예~~쁘~~ + 어요 → 예**뻐요**

유의

◆ **2음절 이상의 어간 끝음절 모음이 'ㅡ'일 때는 'ㅡ' 앞의 음절 모음이 'ㅏ, ㅗ'이면 '-아요'로 바꾸고, 'ㅡ' 앞의 음절 모음이 'ㅏ, ㅗ'가 아니면 '-어요'로 바꿔요. 이 때 'ㅡ' 모음은 탈락해요.**

Ⓔ When the stem with two or more syllables ends with ㅡ, it changes to -아요 if the vowel of the preceding syllable is ㅏ or ㅗ. If the preceding vowel is not ㅏ or ㅗ, it changes to -어요. In this case, the ㅡ is omitted.

Ⓙ 2音節以上の語の語幹の最後の音節が母音「ㅡ」のとき、「ㅡ」の前の音節に母音「ㅏ、ㅗ」があれば「-아요」、「ㅏ、ㅗ」以外の母音なら「-어요」に変わります。この場合、母音「ㅡ」は脱落します。

㊥ 当2个或2个音节以上的词干，最后一个音节的母音为"ㅡ"时，"ㅡ"前面的音节母音若是"ㅏ、ㅗ"的话，变成"-아요"；"ㅡ"前面的音节母音若不是"ㅏ、ㅗ"的话，变成"-어요"。在此情况下，最后一个音节的母音"ㅡ"脱落。

㊥ 當2個或2個音節以上的詞幹，最後一個音節的母音為「ㅡ」時，「ㅡ」前面的音節母音若是「ㅏ、ㅗ」的話，變成「-아요」；「ㅡ」前面的音節母音若不是「ㅏ、ㅗ」的話，變成「-어요」。在此情況下，最後一個音節的母音「ㅡ」脫落。

- 한국 생활이 바빠**요**.
- 꽃이 예뻐**요**.

4 단원 물건과 장소

1. 이, 그, 저 N

의미

▶ **명사에 붙어 그 명사를 지시할 때 사용해요. '이'는 말하는 사람에게 가까이 있는 대상을 가리킬 때 사용하고 '그'는 듣는 사람에게 가까이 있는 대상을 가리킬 때 사용해요. '저'는 말하는 사람과 듣는 사람에게 멀리 있는 대상을 가리킬 때 사용해요. 사물을 가리킬 때는 '이것, 그것, 저것'으로 쓸 수 있어요.**

Ⓔ 이, 그, 저 are demonstrative adjectives used before the noun to indicate an object. 이 is used when the object is closer to the speaker, while 그 is used when it is closer to the listener from the perspective of the speaker. 저 is used when the object is far away from both the speaker and the listener. When referring to an object, 것 is used after 이, 그, 저.

㊐ 「이、그、저」は名詞の前に付いて、その名詞を指示するときに使います。「이」は話し手の近くにある対象を指し示すとき、「그」は話し手より聞き手側にある対象を指し示すとき、「저」は話し手と聞き手から離れた場所にある対象を指し示すときに使います。事物を指し示すときには後ろに「것」をつけて、「이것、그것、저것」と使われることもあります。

㊥ "이、그、저"是指人或事物时用的指示代词。"이"是指离说话人较近的事物时使用，"그"指离说话人较远、离听话人较近的事物时使用，"저"指离说话人和听话人都较远的事物时使用。"이것、그것、저것"都可以用在指代事物时。

㊥ 「이、그、저」是指人或事物時用的指示代名詞。「이」是指離說話者較近的事物時使用，「그」指離說話者較遠、離聽話者較近的事物時使用，「저」指離說話者和聽話者都遠的事物時使用。「이것、그것、저것」都可以用在指代事物時。

이, 그, 저 + 받침 ○ 예) **이** 사람, **그** 사람, **저** 사람
이, 그, 저 + 받침 × 예) **이** 시계, **그** 시계, **저** 시계

유의

◆ **말하는 사람에게 가까운 곳을 가리킬 때는 '여기'라고 하고 듣는 사람에게 가까운 곳을 가리킬 때는 '거기'라고 해요. 말하는 사람과 듣는 사람에게 멀리 있는 곳을 가리킬 때는 '저기'를 사용해요.**

Ⓔ 여기 is used when a place is closer to the speaker, while 거기 is used when the place is closer to the listener. 저기 is used when the place is far away from both the speaker and the listener.

㊐ 話し手に近い場所を指し示すときは「여기」、聞く人に近い場所を指し示すときは「거기」、話し手と聞き手の両方から遠いところを指し示すときは「저기」と言います。

㊥ 当指称靠近说话者的地方时，会说“여기”；指称较靠近听话者的地方时，会说“거기”。当指称说话者和听话者都远的地方时，使用“저기”。

㊥ 當指稱靠近說話者的地方時，會說「여기」；指稱較靠近聽話者的地方時，會說「거기」。當指稱說話者和聽話者都遠的地方時，使用「저기」。

- **여기**가 교실이에요.
- **거기**가 기숙사예요.
- **저기**에 학생 식당이 있어요?

2. N에(위치)

의미

▶ **명사에 붙어 사람이나 사물이 존재하거나 위치하는 장소를 나타낼 때 사용해요.**

Ⓔ 에 is a particle attached to a noun to indicate the location of a person or thing(s).

㊐ 「에」は名詞に付いて、人や事物が存在する位置を表すときに使います。

㊥ “에”接在名词后，表示人或事物的存在或指所处位置时使用。

㊥ 「에」接在名詞後，表示人或事物的存在或所處位置。

받침 ○ + 에 예) 한국**에**
받침 × + 에 예) 학교**에**

유의

◆ **'있다, 없다, 살다' 등의 서술어와 함께 쓰여요.**

Ⓔ 에 is usually used with verbs like 있다, 없다, 살다.

Ⓙ 「에」は「있다、없다、살다」などの述語とともに使われます。

Ⓒ “에”通常和“있다、없다、살다”等谓语一起使用。

㊥ 「에」通常和「있다、없다、살다」等謂語一起使用。

- 지금 교실**에** 학생이 **없어요**.
- 서준이 부산**에 살아요**.

◆ **장소를 나타내는 '여기, 거기, 저기'와 '어디'에 붙여 사용할 때 '에'는 생략이 가능해요.**

Ⓔ When attached to 여기, 거기, 저기 and 어디, 에 can be omitted.

Ⓙ 「에」は場所を表す「여기、거기、저기」や「어디」とともに使う場合、省略することができます。

Ⓒ 当“에”与表示场所的“여기、거기、저기”和“어디”放在一起使用时，可以省略“에”。

㊥ 當「에」與表示場所的「여기、거기、저기」和「어디」放在一起使用時，可以省略「에」。

- 그 책은 여기**에** 없어요 = 그 책은 여기 없어요.
- 제이슨이 거기**에** 갔어요? = 제이슨이 거기 갔어요?
- 저기**에** 학교가 있어요 = 저기 학교가 있어요.
- 지유 씨, 어디**에** 살아요? = 지유 씨, 어디 살아요?

3. N과/와, N하고

의미

▶ **명사에 붙어 여러 사물이나 사람을 같은 자격으로 이어주는 뜻을 나타낼 때 사용해요. '하고'는 주로 말할 때 사용해요. 명사의 끝음절에 받침이 있으면 '과', 받침이 없으면 '와'를 사용해요. '하고'는 받침의 유무와 관계 없이 사용해요.**

Ⓔ 과/와 and 하고 are attached to nouns and are used to enumerate objects or people. Nouns listed by 하고 or 과/와 are equal in importance. 하고 is usually used in spoken language. 과 is used when the noun ends with a consonant, while 와 is used when the noun does not end with a consonant. 하고 is used regardless of the presence of a final consonant.

Ⓙ 「과/와」、「하고」は名詞に付いて、複数の事物や人を並列につなげるときに使います。「하고」は主に話し言葉で使われます。名詞の最後の音節にパッチムがあるときは「과」、パッチムがないときは「와」を使います。「하고」はパッチムの有無に関係なく使うことができます。

Ⓒ “과/와”、“하고”接在名词后，列举多个事物或人时使用。“하고”主要在口语中使用。名词的最后一个音节如果有收音的话使用“과”，没有收音的话使用“와”；“하고”与收音无关，都可使用。

㊥ 「과/와」、「하고」接在名詞後，列舉多個事物或人時使用。「하고」主要使用在口語時。名詞的最後一個音節如果有收音的話使用「과」，沒有收音的話使用「와」；「하고」與收音無關，都可使用。

받침 ○ + 과, 하고　　예) 책상**과**, 책상**하고**
받침 × + 와, 하고　　예) 모자**와**, 모자**하고**

유의

◆ **'하고'와 '과/와'는 의미는 같지만 '하고'를 사용한 문장에는 '하고'만 써야 하고 '과/와'를 사용한 문장에는 '과/와'만 쓸 수 있어요.**

Ⓔ 하고 and 과/와 have the same meaning, but in sentences using 하고, only 하고 should be used, and in sentences using 과/와, only 과/와 can be used.

㊐ 「하고」と「과/와」は同じ意味ですが、「하고」を使った文には「하고」だけを使い、「과/와」を使った文には「과/와」だけを使います。

㊥ "하고"和"과/와"的意思相同，但在使用了"하고"的句子中，只能接续使用"하고"；在使用了"과/와"的句子中，只能接续使用"과/와"。

㊥ 「하고」和「과/와」的意思相同，但在使用了「하고」的句子中，只能接續使用「하고」；在使用了「과/와」的句子中，只能接續使用「과/와」。

- 책상 위에 연필**하고** 필통**하고** 가방이 있어요. (○)
- 책상 위에 연필하고 필통과 가방이 있어요. (×)

5 단원 하루 일과

1. N에

의미

▶ **명사에 붙어 어떤 동작이나 행위, 상태가 일어나는 시간이나 때를 나타낼 때 사용해요.**

Ⓔ 에 is a particle attached to a noun to indicate when an action or state occurs.

㊐ 「에」は名詞に付いて、ある動作や行為、状態が起こる時間や時を表すときに使います。

㊥ "에"接在名词后，表示某个动作、行为、状态出现的时间或时机。

㊥ 「에」接在名詞後，表示某個動作或行為、狀態出現的時間或時機。

받침 ㅇ + 에 　　예) 오전**에**
받침 × + 에 　　예) 오후**에**

유의

◆ **'여덟 시에, 아침에, 이번 달에, 일요일에, 다음 달에'처럼 구체적인 시간, 요일 등을 나타내는 어휘와 결합할 수 있고, '수업 전에, 수업 후에, 방학 전에, 방학 후에'처럼 사용돼요.**

Ⓔ 에 can be combined with expressions that indicate a specific time, or day of the week like 여덟 시에, 아침에, 이번 달에, 일요일에, 다음 달에. It is also used in phrases like 수업 전에, 수업 후에, 방학 전에, and 방학 후에.

㊐ 「에」は「여덟 시에、아침에、이번 달에、일요일에、다음 달에」のように、具体的な時間、曜日などを表す語彙とともに使います。また、「수업 전에、수업 후에、방학 전에、방학 후에」のような使い方もあります。

㊥ "에"与"여덟 시에、아침에、이번 달에、일요일에、다음 달에"等表示具体时间、星期的词汇可以一起结合使用，也可以用于"수업 전에、수업 후에、방학 전에、방학 후에"等。

㊥ 「에」與「여덟 시에、아침에、이번 달에、일요일에、다음 달에」等表示具體時間、星期的詞彙可以一起結合，也可以用於「수업 전에、수업 후에、방학 전에、방학 후에」等。

- 저는 보통 3시**에** 숙제해요.
- 저는 보통 수업 후**에** 점심을 먹어요.

◆ **시간을 나타내는 명사 다음에 '에'를 쓰지만, 두 개 이상의 시간 명사가 나오면 '에'는 마지막 명사 뒤에 한 번만 사용해요.**

Ⓔ 에 is attached to a noun indicating time, but when two or more time nouns appear, 에 is used only after the last noun.

㊐ 「에」は時間を表す名詞の後ろに付きますが、2つ以上の時間名詞が使われる場合は、後ろの時間名詞に一度だけ使います。

㊥ 在表示时间的名词之后使用"에"，但当两个或以上的时间名词出现时，只在最后的名词后面使用一次。

㊥ 在表示時間的名詞之後使用「에」，但當兩個或以上的時間名詞出現時，只在最後的名詞後面使用一次。

- 브루나는 이번 주 수요일**에** 영화를 봐요. (○)
  브루나는 이번 주에 수요일에 영화를 봐요. (×)
- 타나펀은 오후 2시**에** 친구를 만나요. (○)
  타나펀은 오후에 2시에 친구를 만나요. (×)

◆ **시간을 나타내는 '오늘, 내일, 언제' 등에는 '에'를 같이 사용할 수 없어요.**

Ⓔ 에 cannot be used with time expressions like 오늘, 내일, and 언제.

㊐ 「에」は時間を表す「오늘、내일、언제」などとともに使うことはできません。

㊥ "오늘、내일、언제"等不可以与"에"一起使用。

㊥ 「오늘、내일、언제」等不可以與「에」一起使用。

- 샤오동은 오늘 친구를 만나요. (○)
  샤오동은 오늘에 친구를 만나요. (×)
- 리카 씨, 언제 텔레비전을 봐요? (○)
  리카 씨, 언제에 텔레비전을 봐요? (×)

2. N부터 N까지

의미

▶ **명사에 붙어 어떤 동작이나 상태가 시작되는 시간과 끝나는 시간을 나타낼 때 사용해요.**

Ⓔ 부터 까지 are particles attached to nouns to express when a particular action or situation begins and ends.

㊐ 「부터 까지」は名詞に付いて、ある動作や状態の始まりと終わりの時間を表すときに使います。

㊥ "부터 까지"接在名词后，表示某一动作或状态从开始到结束的时间。

㊥ 「부터 까지」接在名詞後，表示某一動作或狀態從開始到結束的時間。

받침 ○ + 부터　　예) 오전**부터**
받침 × + 부터　　예) 오후**부터**

받침 ○ + 까지　　예) 오전**까지**
받침 × + 까지　　예) 오후**까지**

유의

◆ **'부터', '까지'는 따로 사용할 수 있어요.**

Ⓔ 부터 and 까지 do not need to be used as a pair. They can be used separately.

㊐ 「부터」、「까지」はそれぞれ単独で使うことができます。

㊥ "부터"、"까지"可以分开单独使用。

㊥ 「부터」、「까지」可以各別分開使用。

- 제이슨은 오늘**부터** 쉬어요.
- 우리 학교는 7월 22일**까지** 방학이에요.

3. A/V-습니다/ㅂ니다, A/V-습니까?/ㅂ니까?

의미

▶ **'-습니다/ㅂ니다'는 형용사, 동사, '이다'에 붙어 동작이나 상태, 사실을 설명할 때 사용해요. 질문을 할 때는 '-습니까?/ㅂ니까?'를 사용해요. 형용사나 동사 어간의 끝음절에 받침이 있으면 '-습니다, -습니까?'를 사용하고 받침이 없거나 'ㄹ' 받침으로 끝나면 '-ㅂ니다, -ㅂ니까?'를 사용해요. '이다'는 '입니다, 입니까?', '아니다'는 '아닙니다, 아닙니까?'로 써요.**

Ⓔ -습니다/ㅂ니다 is attached to an adjective, a verb, or 이다 to explain an action, state or fact(s). When making questions, -습니까?/ㅂ니까? is used. -습니다, -습니까? is used when the stem of the adjective or verb ends with a consonant, while -ㅂ니다, -ㅂ니까? is used when it ends with the consonant ㄹ or a vowel. For 이다, 입니다, 입니까? is used and for 아니다, 아닙니다, 아닙니까? is used.

Ⓙ 「-습니다/ㅂ니다」は形容詞、動詞、「이다」に付いて、動作や状態、事実を説明するときに使います。質問するときは「-습니까?/ㅂ니까?」を使います。形容詞や動詞の語幹の最後の音節にパッチムがあるときは「-습니다、-습니까?」、パッチムがなかったり「ㄹ」パッチムで終わるときは「-ㅂ니다、-ㅂ니까?」を使います。そして、「이다」は「입니다、입니까?」、「아니다」は「아닙니다、아닙니까?」を使います。

Ⓒ "-습니다/ㅂ니다"接在形容词、动词、"이다"后，说明动作、状态或事实时使用。疑问句中使用"-습니까/ㅂ니까?"的形式。当形容词或动词词干的最后一个音节有收音时，使用"-습니다, -습니까?"；最后一个音节没有收音或收音为"ㄹ"时，使用"-ㅂ니다, -ㅂ니까?"。"이다"使用"입니다, 입니까?"；"아니다"使用"아닙니다, 아닙니까?"。

Ⓣ 「-습니다/ㅂ니다」接在形容詞、動詞、「이다」後，說明動作、狀態或事實。疑問句中使用「-습니까?/ㅂ니까?」的形式。當形容詞或動詞詞幹的最後一個音節有收音時，使用「-습니다, -습니까?」；最後一個音節沒有收音或收音為「ㄹ」時，使用「-ㅂ니다, -ㅂ니까?」。「이다」使用「입니다, 입니까?」；「아니다」使用「아닙니다, 아닙니까?」。

받침 ○ + -습니다 예) 먹**습니다**
받침 × + -ㅂ니다 예) **갑니다**

받침 ○ + -습니까? 예) 먹**습니까**?
받침 × + -ㅂ니까? 예) **갑니까**?

유의

◆ **정중하고 공손하게 말할 때 사용하기 때문에 말하는 사람이 주어일 때 '나' 대신에 '저'를 사용해야 해요.**

Ⓔ -습니다/ㅂ니다 is used when speaking politely and formally, so when the subject is in the first person (I), 저 should be used instead of 나.

Ⓙ 「-습니다/ㅂ니다」は丁寧に話すときの表現であるため、「私」が主語の場合、「나」の代わりに「저」を使います。

Ⓒ 说话时表示郑重且恭敬的情况下使用"-습니다/ㅂ니다"，所以当说话者为主语时，必须以"저"替代"나"来使用。

㊥ 因為「-습니다/ㅂ니다」是用在鄭重且恭敬地說話時，所以當說話者為主語時，必須以「저」替代「나」來使用。

- **저**는 학생**입니다**.
- **저**는 한국 사람**입니다**.

◆ **'-아요/어요'는 격식을 차리지 않아도 될 만큼 가깝거나 친한 사이에서 사용하는 비격식체예요. 반면에 '-습니다/ㅂ니다'는 예의와 격식을 차려서 말해야 하는 상황에서 사용하는 격식체예요.**

Ⓔ -아요/어요 is an informal ending used in situations where you do not need to be formal, typically among close friends or in casual settings. On the other hand, -습니다/ㅂ니다 is a formal ending used in situations where you need to be polite and formal.

Ⓙ 「-아요/어요」は非格式体と言い、親しい間柄で格式を整えなくてもよいカジュアルな場面で使う文体です。「-습니다/ㅂ니다」は格式体と言い、礼儀や格式が重んじられる公式的な場面で使う文体です。

Ⓒ "-아요/어요"是对不须拘泥、亲近的人使用的非格式体；相反地，"-습니다/ㅂ니다"是在必须讲求礼貌和正式说话的场合下使用的格式体。

㊥ 「-아요/어요」是對不須拘泥、親近的人使用的非格式體；相反地，「-습니다/ㅂ니다」是在必須講求禮貌和正式說話的場合下使用的格式體。

- 다니엘 씨, 오후에 회의가 있**어요**.
- 사장님, 오후에 회의가 있**습니다**.

4. ㄹ 탈락

의미

▶ **'ㄹ' 받침으로 끝나는 형용사, 동사는 'ㄴ, ㅂ, ㅅ' 앞에서 'ㄹ'이 탈락해요.**

Ⓔ When the stem of an adjective or verb ends in the final consonant ㄹ and is followed by ㄴ, ㅂ, ㅅ, then ㄹ of the stem is omitted.

Ⓙ 「ㄹ」パッチムで終わる形容詞、動詞は「ㄴ、ㅂ、ㅅ」の前では「ㄹ」が脱落します。

Ⓒ 以"ㄹ"为收音的形容词，动词，在"ㄴ、ㅂ、ㅅ"前面时，"ㄹ"脱落。

㊥ 以「ㄹ」為收音的形容詞、動詞，在「ㄴ、ㅂ、ㅅ」前面時，「ㄹ」脫落。

ㄹ + ㄴ, ㅂ, ㅅ → ㄹ　　예) 만들 + -ㅂ니다 → 만듭**니다**

6 단원 쇼핑과 음식

1. V-고 싶다

의미

▶ **동사에 붙어 미래에 말하는 사람이 원하거나 바라는 것을 나타낼 때 사용해요.**

Ⓔ -고 싶다 is attached to a verb to indicate what the speaker wants or desires.

Ⓙ 「-고 싶다」は動詞に付いて、話し手が望んでいることや求めていることを表すときに使います。

Ⓒ "-고 싶다"与动词相接，表达说话人的意愿或期望时使用。

Ⓣ 「-고 싶다」與動詞相接，表達說話人的意願或期望。

받침 ㅇ + -고 싶다　　예) 먹**고 싶어요**
받침 × + -고 싶다　　예) 사**고 싶어요**

유의

◆ **'-고 싶다'를 사용할 때 평서문에서는 말하는 사람이 주어가 되고, 의문문에서는 듣는 사람이 주어가 돼요. 다른 사람이 주어일 때는 '-고 싶어 하다'를 써요.**

Ⓔ When using -고 싶다 in declarative sentences, the speaker becomes the subject, and in interrogative sentences, the listener becomes the subject. When using a third person as the subject, you should use -고 싶어 하다 as the predicate.

Ⓙ 「-고 싶다」を使うとき、平叙文では話し手が主語となり、疑問文では聞き手が主語となります。第三者が主語のときは「-고 싶어 하다」を使います。

Ⓒ 在叙述句中使用"-고 싶다"时，说话者为施事；在疑问句中，听话者成为施事。当其他人为施事时，使用"-고 싶어 하다"。

Ⓣ 在敘述句中使用「-고 싶다」時，說話者為主語；在疑問句中，聽話者成為主語。當其他人為主語時，使用「-고 싶어 하다」。

- 저는 고향에 가**고 싶어요**. (○)
- 고향에 가**고 싶어요**? (○)

- 리카는 고향에 가고 싶어요. (×)
  리카는 고향에 가**고 싶어 해요**. (○)

2. V-으세요/세요

의미

▶ **동사에 붙어 어떤 행동을 할 것을 명령하거나 요청함을 나타내요. 동사 어간의 끝음절에 받침이 있으면 '-으세요'를 사용하고 어간의 끝음절에 받침이 없거나 'ㄹ' 받침으로 끝나면 '-세요'를 사용해요.**

Ⓔ -으세요/세요 is attached to a verb to indicate a command or request to perform an action. -으세요 is used when the stem of the verb ends with a consonant, while -세요 is used when it ends with the consonant ㄹ or a vowel.

㊐ 「-으세요/세요」は動詞に付いて、ある行動を命令したりお願いしたりすることを表します。動詞の語幹の最後の音節にパッチムがあるときは「-으세요」、パッチムがなかったり「ㄹ」パッチムで終わるときは「-세요」を使います。

㊥ "-으세요/세요"接在动词后，表示某种行动的命令或请求。动词词干的最后一个音节如果有收音的话使用"-으세요"，没有收音或收音以"ㄹ"结尾的话使用"-세요"。

㊥ 「-으세요/세요」接在動詞後，表示對某種行動的命令或請求。動詞詞幹的最後一個音節如果有收音的話使用「-으세요」，沒有收音或收音以「ㄹ」結尾的話使用「-세요」。

받침 ○ + -으세요　　예) 읽**으세요**
받침 ×, ㄹ + -세요　　예) 오**세요**, 만드**세요**

유의

◆ **주로 높임의 대상인 사람에게 무언가를 시킬 때 사용해요.**

Ⓔ -으세요/세요 is used to make polite requests.

㊐ 「-으세요/세요」は丁寧にお願いするときに使います。

㊥ "-으세요/세요"主要用于要求地位高者做某些事情的时候使用。

㊥ 「-으세요/세요」主要用於要求地位高者做某些事情的時候使用。

- 손님, 여기에 앉**으세요**.

◆ **부정형은 '-지 마세요'예요.**

Ⓔ The negative for of -으세요/세요 is -지 마세요.

㊐ ある行動をしないようにお願いするときは否定表現の「-지 마세요」を使います。

㊥ 否定型为"-지 마세요"。

㊥ 否定型為「-지 마세요」。

- 수업 시간에 음식을 먹**지 마세요**.

3. N에(방향)

의미

▶ **명사에 붙어 행위의 목적지를 나타낼 때 사용해요.**

Ⓔ 에 is a particle attached to a noun to indicate where one is going (=one's destination).

Ⓙ 「에」は名詞に付いて、行為の目的地を表すときに使います。

Ⓒ “에”接在名词后，表示行为的目的地出现时使用。

Ⓣ 「에」接在名詞後，表示行為的目的地。

받침 ㅇ + 에　　예) 식당**에**
받침 × + 에　　예) 카페**에**

유의

◆ **주로 '가다, 오다, 다니다' 등의 동사와 함께 써요.**

Ⓔ 에 is usually used with verbs like 가다, 오다, and 다니다.

Ⓙ 「에」は主に「가다、오다、다니다」などの動詞とともに使います。

Ⓒ “에”主要和“가다、오다、다니다”等动词一起使用。

Ⓣ 「에」主要和「가다、오다、다니다」等動詞一起使用。

- 저는 지금 도서관**에 가요**.
- 동생이 언제 서울**에 와요**?
- 다니엘은 컴퓨터 회사**에 다녀요**.

◆ **비격식적인 구어에서 '에'를 생략해서 말하기도 해요. 그렇지만 비격식적인 구어라도 1음절 명사 뒤에 '에'는 생략하지 않아요.**

Ⓔ In informal speech, 에 is sometimes omitted. However, even in informal speech, 에 is not omitted after one-syllable nouns.

Ⓙ カジュアルな話し言葉では名詞に付く「에」を省略することもできますが、1音節の名詞に付く「에」は省略できません。

Ⓒ 在非正式性的口语中，有时也会把“에”省略。但如果是单音节的名词，即使是在非正式的口语中，也不省略“에”。

㊥ 在非正式性的口語中，有時也會把「에」省略。但如果是單音節的名詞，即使是在非正式的口語中，也不省略「에」。

- 학교**에** 가요. (○)
  학교 가요. (○)
- 집**에** 가요. (○)
  집 가요. (×)

4. ㅂ 불규칙

의미

▶ **'ㅂ' 받침으로 끝나는 일부 형용사, 동사는 모음으로 시작하는 어미와 결합하면 받침 'ㅂ'이 'ㅗ' 또는 'ㅜ'로 바뀌어요.**

Ⓔ The final consonant ㅂ in the stems of some adjectives and verbs changes to either ㅗ or ㅜ when followed by a vowel.

Ⓙ 「ㅂ」パッチムで終わる一部の形容詞や動詞は母音で始まる語尾とつながると、パッチム「ㅂ」が「ㅗ」または「ㅜ」に変わります。

㊥ 部分形容词和动词以"ㅂ"为收音结尾，后接以元音开始的语尾时，收音"ㅂ"要变成"ㅗ"或"ㅜ"。

㊥ 有一部份以「ㅂ」為收音結尾的形容詞，在與母音開始的語尾相結合時，收音「ㅂ」要變成「ㅗ」或「ㅜ」。

ㅂ + 모음 → ㅗ + 모음 예) 돕 + -아요 → 도**와**요
ㅂ + 모음 → ㅜ + 모음 예) 뜨겁 + -어요 → 뜨거**워**요

유의

◆ **동사 중에서 '돕다'는 '아'로 시작하는 어미와 결합하면 받침 'ㅂ'이 'ㅗ'로 바뀌어요. 그 외의 모음과 결합하면 'ㅂ'이 'ㅜ'로 바뀌어요.**

Ⓔ When the verb 돕다 is followed by 아, the final consonant ㅂ in the stem changes to ㅗ. When followed by other vowels, the ㅂ changes to ㅜ.

Ⓙ 動詞「돕다」は「아」で始まる語尾と結び付いたときパッチム「ㅂ」が「ㅗ」に変わり、その他の母音と結び付いたときは「ㅂ」が「ㅜ」に変わります。

㊥ 动词中的"돕다"，在和以"아"起始的词尾结合时，收音"ㅂ"要变成"ㅗ"。和其它母音结合时，"ㅂ"要变成"ㅜ"。

㊥ 動詞中的「돕다」，在和以「아」起始的詞尾結合時，收音「ㅂ」要變成「ㅗ」。和其它母音結合時，「ㅂ」要變成「ㅜ」。

- 저는 수업 후에 어머니를 도**와**요.
- 리카 씨, 친구를 도**우**세요.

◆ **동사 중에서 '입다'는 모음으로 시작하는 어미와 결합해도 받침 'ㅂ'이 'ㅜ'로 바뀌지 않아요.**

Ⓔ For the verb 입다, the final consonant ㅂ in the stem does not change to ㅜ even when followed by a vowel.

Ⓙ 動詞「입다」は母音で始まる語尾と結び付いてもパッチム「ㅂ」が「ㅜ」に変わりません。

Ⓒ 动词中的"입다", 在和以母音起始的词尾结合时, "ㅂ"不会变成"ㅜ"。

Ⓣ 動詞中的「입다」, 在和以母音起始的詞尾結合時,「ㅂ」也不會變成「ㅜ」。

- 아이가 옷을 입어요.

5. 개, 권, 명, 병

의미

▶ **물건을 셀 때 여러 단위 명사를 사용해요. '개'는 물건, '권'은 책, '명'은 사람, '병'은 병을 셀 때 사용해요.**

Ⓔ When counting objects, several units are used. 개 is used to count general objects, 권 to count books, 명 to count people, and 병 to count bottles.

Ⓙ 物を数えるときには様々な単位の名詞を使います。「개」は物、「권」は本、「명」は人、「병」はビンを数えるときに使います。

Ⓒ 数东西的时候会使用各种单位名词。东西用"개"、书用"권"、人用"명"、瓶子用"병"来数。

Ⓣ 數東西的時候會使用各種單位名詞。東西用「개」、書用「권」、人用「명」、瓶子用「병」來數。

유의

◆ **'마리'는 동물, '장'은 종이, '송이'는 꽃, '조각'은 피자나 케이크를 자른 부분을 셀 때 사용해요.**

Ⓔ 마리 is used to count animals, 장 for counting paper, 송이 for counting flowers, and 조각 for counting slices of pizza or cake.

Ⓙ 「마리」は動物、「장」は紙、「송이」は花、「조각」はカットしたピザやケーキを数えるときに使います。

Ⓒ 数动物的数量时用"마리", 纸用"장", 花用"송이", 在数切成片/块的比萨或蛋糕时用"조각"。

Ⓣ 數動物的數量時用「마리」, 紙用「장」, 花用「송이」, 在數切片的比薩或蛋糕時用「조각」。

- 우리 집에 개가 두 **마리** 있어요.
- 다니엘 씨, 꽃을 몇 **송이** 사고 싶어요?
- 책상 위에 종이 세 **장**이 있어요.
- 케이크 두 **조각** 주세요.

듣기 지문 및 정답

1 단원 한국어와 한글

모음 1 pp. 10~11

3. (1) ② (2) ⑥ (3) ④ (4) ③ (5) ① (6) ⑤

5. (1) 이 (2) 오 (3) 오이 (4) 아우 (5) 아이

자음 1 pp. 12~13

3. (1) ③ (2) ① (3) ⑤ (4) ⑧ (5) ② (6) ④ (7) ⑥ (8) ⑦ (9) ⑨

5. (1) 고기 (2) 나무 (3) 바지 (4) 오리 (5) 주스 (6) 라디오

모음 2 pp. 14~15

3. (1) ① (2) ③ (3) ② (4) ⑦ (5) ⑧ (6) ⑥ (7) ④ (8) ⑤

5. (1) 개 (2) 야구 (3) 노래 (4) 얘기 (5) 가게 (6) 시계

자음 2 pp. 16~17

3. (1) 카 (2) 꺼 (3) 트 (4) 띠 (5) 뽀 (6) 펴 (7) 쓰 (8) 짜 (9) 추

5. (1) 타다 (2) 치마 (3) 피자 (4) 아빠 (5) 쓰레기 (6) 코끼리

모음 3 pp. 18~19

3. (1) 의 (2) 귀 (3) 뇌 (4) 돼 (5) 웨 (6) 뭐 (7) 봐

5. (1) 귀 (2) 사과 (3) 샤워 (4) 돼지 (5) 의사 (6) 가위

받침 pp. 20~21

2. (1) 역 (2) 밥 (3) 부엌 (4) 우산

3. (1) 옷 (2) 집 (3) 문 (4) 끝 (5) 별 (6) 찾 (7) 원

5. (1) 책 (2) 낮 (3) 밖 (4) 웃다 (5) 학생 (6) 선생님

문장 만들기 pp. 22~23

2. (1) 아이가 웃습니다 (2) 리카가 요가를 합니다
   (3) 샤오동이 피자를 먹습니다 (4) 타나펀이 음악을 듣습니다

3. (1) 학생이 가요 (2) 친구가 와요 (3) 제이슨이 포도를 먹어요 (4) 리카가 한국어를 잘해요
   (5) 선생님이 학생을 만나요 (6) 오빠가 야구를 좋아해요

4. (1) 동생이 와요. (2) 친구가 잡니다. (3) 아빠가 신문을 읽어요. (4) 선생님이 커피를 마셔요.
   (5) 브루나가 과자를 먹어요. (6) 리카가 고기를 좋아합니다.

2 단원 소개

어휘와 표현 1_ 국적 p. 24

1. (1) ③ (2) ② (3) ⑤ (4) ① (5) ④

2. (1) 프랑스 (2) 한국 (3) 브라질 (4) 중국 (5) 미국 (6) 태국

어휘와 표현 2_ 직업 p. 25

1.

선	생	님	배	람
라	일	주	기	우
간	디	책	자	화
나	호	어	다	가
경	찰	사	교	과

2. (1) 가수예요 (2) 학생이에요 (3) 회사원이에요 (4) 운동선수예요

문법 1_ N이에요/예요 p. 26

1.

N	이에요	N	예요
독일	독일이에요	레아	레아예요
선생님	선생님이에요	간호사	간호사예요

2. (1) ② (2) ② (3) ① (4) ② (5) ① (6) ①

3. (1) 리카예요 일본 사람이에요 (2) 타나펀이에요 태국 사람이에요
(3) 올리버예요 호주 사람이에요 (4) 제이슨이에요 미국 사람이에요
(5) 브루나예요 브라질 사람이에요 (5) 소피아예요 러시아 사람이에요

문법 2_ N은/는 p. 27

1.

N	은	N	는
경찰	경찰은	기자	기자는
한국	한국은	언니	언니는

2. (1) 는 (2) 는 (3) 은 (4) 은 (5) 는 (6) 은

3. (1) 은 (2) 는 (3) 는 (4) 는 (5) 은 (6) 은

문법 3 N이/가 아니에요 p. 28

1.

N	이 아니에요	N	가 아니에요
타나펀	타나펀이 아니에요	친구	친구가 아니에요
한국 사람	한국 사람이 아니에요	화가	화가가 아니에요

2. (1) 가 아니에요 (2) 가 아니에요 (3) 이 아니에요
(4) 이 아니에요 (5) 이 아니에요 (6) 가 아니에요

3. (1) 레아가 아니에요 (2) 요리사가 아니에요 (3) 영어 책이 아니에요
(4) 언니가 아니에요 (5) 회사원이 아니에요 선생님이에요 (6) 독일 사람이 아니에요 캐나다 사람이에요

더 알아보기_ N의 N p. 29

1.

N	의	N	의
제이슨	제이슨의	저	저의 (제)
형	형의	나	나의 (내)

2. (1) 리카의 책이에요 (2) 샤니의 사과예요 (3) 타나펀의 모자예요
(4) 브루나의 학교예요 (5) 다니엘의 회사예요 (6) 샤오동의 우산이에요

3. (1) 에릭의 직업은 기자예요 (2) 나티의 직업은 배우예요
(3) 리암의 직업은 경찰이에요 (4) 김민지의 직업은 선생님이에요

듣기 p. 30

1.
(1) 안녕하세요?
(2) 저는 제이슨이에요.
(3) 태국 사람이에요.
(4) 누구예요?
(5) 운동선수예요.

2.
(1) **A** 어느 나라 사람이에요?
B 저는 말레이시아 사람이에요.
(2) **A** 무슨 일을 해요?
B 저는 화가예요.
(3) **A** 이름이 박준하예요?
B 아니요. 제 이름은 박준하가 아니에요.

(1) ② (2) ① (3) ②

말하기 p. 31

1. (1) 이름이 뭐예요 (2) 저는 브라질 사람이에요 (3) 만나서 반가워요

2. (1) 수잔이에요 (2) 캐나다 사람이에요 (3) 요리사예요

3.

다니엘	누구예요?
리카	제 친구 사유리예요.
다니엘	사유리는 어느 나라 사람이에요?
리카	일본 사람이에요.
다니엘	직업이 뭐예요?
리카	사유리는 간호사예요.

읽기 p. 32

2. (1) ① 이서준 ② 소피아 ③ 니차야 ④ 로건

(2) ① 니차야는 태국 사람이에요
② 로건은 호주 사람이에요
③ 이서준은 학생이에요
④ 소피아는 리카의 친구가 아니에요/리카의 친구는 이서준이에요

쓰기 p. 33

1.

파비앙의 가족

파비앙은 프랑스 사람이에요. 파비앙의 직업은 운동선수예요. 파비앙의 형은 브루노예요. 형은 운동선수가 아니에요. (형의) 직업은 경찰이에요. 누나의 이름은 미셸이에요. (누나의) 직업은 간호사예요. 그리고 남동생의 이름은 티노예요. (남동생의) 직업은 학생이에요.

3 단원 일상생활

어휘와 표현 1_ 일상생활 p. 34

1. (1) 배워요 (2) 입어요 (3) 먹어요 (4) 놀아요 (5) 읽어요 (6) 자요

2. (1) 만나요 (2) 마셔요 (3) 쉬어요 (4) 운동해요

어휘와 표현 2_ 숫자 p. 35

1.

0	공 / 영	16	십육
1	일	17	십칠
2	이	28	이십팔
3	삼	29	이십구
4	사	30	삼십
5	오	31	삼십일

2. (1) 일월 삼일이에요 (2) 유월 십육일이에요 (3) 팔월 십오일이에요 (4) 시월 십구일이에요
(5) 십일월 이십이일이에요 (6) 십이월 이십오일이에요

문법 1_ A/V-아요/어요 p. 36

1.

A/V	-아요	A/V	-어요
놀다	놀아요	읽다	읽어요
가다	가요	마시다	마셔요
보다	봐요	입다	입어요

2. (1) 형은 자요 (2) 동생은 쉬어요 (3) 친구는 놀아요
(4) 기자는 바빠요 (5) 아버지는 운동해요 (6) 선생님은 이야기해요

3. (1) 공부해요 (2) 재미있어요 (3) 일해요 (4) 힘들어요

문법 2_ N이/가 p. 37

1.

N	이	N	가
책	책이	리카	리카가
학생	학생이	전화번호	전화번호가

2. (1) 이 (2) 가 (3) 이 (4) 가 (5) 가 (6) 이

3. (1) 이름이 (2) 생일이 (3) 전화번호가 (4) 직업이

문법 3_ N을/를 p. 38

1.

N	을	N	를
김밥	김밥을	주스	주스를
다니엘	다니엘을	친구	친구를

2. (1) 를 (2) 를 (3) 을 (4) 를 (5) 을 (6) 을

3. (1) 사과를 (2) 선생님을 (3) 꽃을 (4) 영어를

더 알아보기_ 으 탈락 p. 39

1.

A/V	-아요	A/V	-어요
바쁘다	바빠요	예쁘다	예뻐요
아프다	아파요	쓰다	써요

2. (1) 다니엘이 써요 (2) 구두가 예뻐요 (3) 허리가 아파요 (4) 한국 생활이 바빠요

3. (1) 아파요 (2) 예뻐요 (3) 써요 (4) 바빠요

듣기 p. 40

1.
(1) 지금 뭐 해요?
(2) 조금 힘들어요.
(3) 그래요? 일은 어때요?
(4) 요즘 한국 요리를 배워요.
(5) 저는 요즘 드라마를 많이 봐요.

2.
(1) A 타나펀 씨, 오늘 뭐 해요?
B 한국어를 공부해요.
(2) A 한국 생활이 어때요?
B 조금 바빠요. 그렇지만 재미있어요.
(3) A 브루나는 요즘 뭐 해요?
B 요즘 운동해요.

(1) ① (2) ② (3) ①

말하기 p. 41

1. (1) 요즘 잘 지내요 (2) 일은 어때요

2 (1) 칠월 이십육일이에요 (2) 무슨 요일이에요 (3) 화요일이에요

3.
브루나 중간시험이 며칠이에요?
타나펀 사월 삼일이에요.
브루나 무슨 요일이에요?
타나펀 수요일이에요.
브루나 문화 수업이 언제예요?
타나펀 사월 오일, 금요일이에요.

읽기 p. 42

2. (1) ①

(2)

	무엇을 해요?	며칠이에요?	무슨 요일이에요?
①	한국 요리를 배워요.	유월 이십구일	목요일
		칠월 사일	화요일
②	한국 노래를 배워요.	시월 이십오일	수요일
		십일월 삼일	금요일

쓰기 p. 43

> 한국 생활
>
> 저는 회사원이에요. 컴퓨터 회사에 다녀요. 저는 한국 노래를 좋아해요. 그리고 한국 드라마를 좋아해요. 요즘 한국어를 공부해요. 한국 생활이 재미있어요.

4 단원 물건과 장소

어휘와 표현 1_ 물건 ① p. 44

1. (1) ③ (2) ⑤ (3) ① (4) ④ (5) ②

2. (1) 의자예요 (2) 책상이에요 (3) 휴대 전화예요 (4) 컴퓨터예요

어휘와 표현 2_ 위치, 가구 p. 45

1. (1) 밑/아래 (2) 위 (3) 옆 (4) 앞 (5) 안 (6) 뒤

2. (1) 옷장 안에 있어요 (2) 테이블 밑에 있어요/테이블 아래에 있어요 (3) 소파 옆에 있어요 (4) 책장 앞에 있어요 (5) 침대 위에 있어요

문법 1_ 이, 그, 저 N p. 46

1.

N	이	그	저
가방	이 가방	그 가방	저 가방
모자	이 모자	그 모자	저 모자

2. (1) 이 (2) 저 (3) 이 (4) 그

3. (1) 그것 (2) 이것 (3) 저것 (4) 그것

문법 2_ N에(위치) p. 47

1.

N	에	N	에
안	안에	뒤	뒤에
옆	옆에	아래	아래에

2. (1) 위에 (2) 밑에/아래에 (3) 위에 (4) 옆에 (5) 옆에 (6) 밑에/아래에

3. (1) 카페 밖에 (2) 가방 안에 (3) 의자 뒤에 (4) 테이블 위에 (5) 테이블 밑에/테이블 아래에

문법 3_ N과/와, N하고 p. 48

1.

N	과	하고	N	와	하고
형, 누나	형과 누나	형하고 누나	배우, 가수	배우와 가수	배우하고 가수
가방, 책	가방과 책	가방하고 책	학교, 공원	학교와 공원	학교하고 공원

2. (1) 과 (2) 과 (3) 와 (4) 와 (5) 와 (6) 과

3. (1) 책상과 침대가 있어요/침대와 책상이 있어요
   (2) 책과 연필이 있어요/연필과 책이 있어요
   (3) 휴대 전화와 필통이 있어요/필통과 휴대 전화가 있어요
   (4) 바나나와 주스가 있어요/주스와 바나나가 있어요

문법 종합 연습 p. 49

1. (1) 옆에 (2) 뒤에 (3) 저 (4) 이

2. (1) 방에 책장과 침대가 있어요 (2) 가방 안에 지갑과 휴대 전화가 있어요
   (3) 교실에 브루나와 제이슨이 있어요 (4) 학교에 기숙사와 식당이 있어요

듣기 p. 50

1.
(1) 이게 제 가방이에요.
(2) 저 건물은 뭐예요?
(3) 회사가 어디에 있어요?
(4) 학교 옆에 있어요.
(5) 거실하고 주방이 있어요.

2.
(1) A 저 모자가 리카 씨 모자예요?
B 맞아요. 저게 제 모자예요.
(2) A 어디에 살아요?
B 아파트에 살아요.
(3) A 집 근처에 뭐가 있어요?
B 공원이 있어요.

(1) ② (2) ① (3) ①

말하기 p. 51

1. (1) 여기가 학생 식당이에요 (2) 이건 뭐예요

2. (1) 필통 옆에 있어요 (2) 가방 안에 있어요 (3) 정말 고마워요

3.

다니엘	여보세요. 제이슨 씨, 제 모자가 소파 위에 있어요?
제이슨	잠깐만요. 소파 위에 없어요.
다니엘	그럼 옷장 안에 있어요?
제이슨	네. 옷장 안에 있어요.
다니엘	정말 고마워요, 제이슨 씨.
제이슨	아니에요.

읽기 p. 52

2. (1) ① (2) ③

쓰기 p. 53

1.

지유의 집

지유의 집이에요. 집 앞에 나무와 꽃이 있어요. 집에 거실과 방이 있어요. 그리고 주방이 있어요. 거실에 소파와 테이블이 있어요. 테이블 위에 텔레비전이 있어요. 소파는 텔레비전 앞에 있어요. 지유의 방에 책상과 침대가 있어요. 그리고 책장도 있어요. 책장은 책상 옆에 있어요. 지유의 집은 아주 멋있어요.

5 단원 하루 일과

어휘와 표현 1_ 수 ②, 시간 p. 54

1.

하나	둘	셋	넷	다섯	여섯

일곱	여덟	아홉	열	열하나	열둘

2. (1) 두 시 칠 분이에요 (2) 세 시 십구 분이에요 (3) 여섯 시 이십오 분이에요
(4) 여덟 시 삼십 분이에요/여덟 시 반이에요 (5) 아홉 시 사십팔 분이에요 (6) 열한 시 오십육 분이에요

어휘와 표현 2_ 하루 일과 p. 55

1. (1) ① (2) ② (3) ④ (4) ③

2. (1) 일어나요 (2) 전화해요 (3) 샤워해요 (4) 세수해요 (5) 요리해요

문법 1_ N에(시간) p. 56

1.

N	에	N	에
오전	오전에	5시	5시에
수요일	수요일에	이번 주	이번 주에

2. (1) 오전 9시 10분에 (2) 오후 1시에 (3) 오후 1시 20분에
   (4) 오후 1시 30분에/오후 1시 반에 (5) 오후 4시에 (6) 오후 6시 50분에

3. (1) 6월 3일에 시작해요 (2) 6월 5일에 봐요 (3) 6월 6일에 해요
   (4) 일요일에 해요 (5) 6월 9일에 있어요 (6) 금요일에 가요

문법 2_ N부터 N까지 p. 57

1.

N	부터	N	까지
월요일	월요일부터	수요일	수요일까지
두 시	두 시부터	여섯 시	여섯 시까지

2. (1) 오전 9시 10분부터 오후 1시까지 (2) 오후 1시 30분부터 2시까지/오후 1시 반부터 2시까지
   (3) 오후 2시부터 3시까지 (4) 저녁 7시부터 8시 20분까지 (5) 밤 9시부터 11시까지
   (6) 밤 11시부터 아침 7시 40분까지

3. (1) 월요일부터 화요일까지예요 (2) 5월 19일부터 5월 31일까지예요
   (3) 오후 1시 30분부터 3시까지 해요/오후 1시 반부터 3시까지 해요 (4) 오후 2시부터 6시까지 가르쳐요

문법 3_ A/V-습니다/ㅂ니다, A/V-습니까?/ㅂ니까? p. 58

1.

A/V	-습니다	-습니까?	A/V	-ㅂ니다	-ㅂ니까?
재미있다	재미있습니다	재미있습니까?	바쁘다	바쁩니다	바쁩니까?
읽다	읽습니다	읽습니까?	가다	갑니다	갑니까?

2. (1) 바쁩니까 (2) 듣습니다 (3) 만납니다 (4) 먹습니까 (5) 재미있습니다 (6) 마십니다

3. (1) 배웁니다 (2) 있습니다 (3) 봅니다 (4) 시작합니다 (5) 쉽니다

더 알아보기_ ㄹ 탈락 p. 59

1.

A/V	-습니다/ㅂ니다	A/V	-습니다/ㅂ니다
힘들다	힘듭니다	놀다	놉니다
살다	삽니다	열다	엽니다

2. (1) 삽니다 (2) 엽니다 (3) 힘듭니다 (4) 놉니다

3. (1) 삽니다 (2) 놉니다 (3) 힘듭니다 (4) 엽니까, 엽니다

듣기 p. 60

1.
(1) 6시(여섯 시)에 친구를 만나요.
(2) 수업은 몇 시에 있어요?
(3) 오후 1시 30분(한 시 삼십 분)에 점심을 먹습니다.
(4) 월요일부터 목요일까지 운동합니다.
(5) 금요일에 영화를 봅니다.

2.
(1) A 내일 오전에 시간이 있어요?
B 아니요. 없어요. 오전에 수업이 있어요.
(2) A 몇 시에 요리를 배워요?
B 5시에 배워요.
(3) A 수업 후에 무엇을 합니까?
B 보통 숙제를 합니다.

(1) ② (2) ② (3) ②

말하기 p. 61

1. (1) 1일, 목요일에 시작해요 (2) 언제 있어요 (3) 토요일 오전 11시에 있어요

2. (1) 어디에 있어요 (2) 몇 시부터 몇 시까지 해요 (3) 점심시간은 언제예요

3.
레아 지유 씨, 은행은 어디에 있어요?
지유 학교 근처에 있어요.
레아 몇 시부터 몇 시까지 해요?
지유 오전 9시부터 오후 4시까지 해요.
레아 점심시간은 언제예요?
지유 오후 12시부터 1시까지예요.

읽기 p. 62

1.

① 행복식당 •-------• 

② 이화카페 •-------• 

2. (1) ③

쓰기 p. 63

1.

10년 후의 하루 일과

저는 지금 한국에 삽니다. 저는 회사원입니다. 오전 7시에 일어납니다. 저는 운동을 좋아합니다. 그래서 오전 7시부터 8시까지 운동합니다. 8시에 샤워합니다. 8시 반에 커피와 빵을 먹습니다. 오전 9시부터 오후 6시까지 일합니다. 6시 20분에 회사 동료와 식당에서 저녁을 먹습니다. 9시에 책을 읽습니다. 밤 11시에 잠을 잡니다.

6 단원 쇼핑과 음식

어휘와 표현 1_ 가격, 물건 ② p. 64

1. (1) 티셔츠 (2) 지우개 (3) 구두 (4) 자동차 (5) 바지 (6) 운동화

2. (1) 천칠백 원이에요 (2) 이만 팔천 원입니다
(3) 구십육만 삼천 원이에요 (4) 이백삼십오만 원입니다

어휘와 표현 2_ 상태 ① p. 65

1. (1) 싸요 (2) 좋아요 (3) 적어요 (4) 맛없어요 (5) 차가워요

2. (1) 작아요 (2) 뜨거워요 (3) 커요 (4) 비싸요 (5) 맛있어요 (6) 많아요

문법 1_ V-고 싶다 p. 66

1.

V	-고 싶다	V	-고 싶다
먹다	먹고 싶어요	가다	가고 싶어요
입다	입고 싶어요	만들다	만들고 싶어요

2. (1) 쇼핑하고 싶어요 (2) 운동하고 싶어요 (3) 듣고 싶어요
(4) 읽고 싶어요 (5) 마시고 싶어요 (6) 보고 싶어요

3. (1) 쉬고 싶어요 (2) 만나고 싶어요 (3) 하고 싶어요 (4) 사고 싶어요 (5) 살고 싶어요

문법 2_ V-으세요/세요 p. 67

1.

V	-으세요	-지 마세요	V	-세요	-지 마세요
앉다	앉으세요	앉지 마세요	쉬다	쉬세요	쉬지 마세요
닫다	닫으세요	닫지 마세요	열다	여세요	열지 마세요

2. (1) 오세요 (2) 앉으세요 (3) 넣으세요 (4) 읽으세요 (5) 쓰세요 (6) 말하세요

3. (1) 늦지 마세요 (2) 잠을 자지 마세요 (3) 음식을 먹지 마세요 (4) 휴대 전화를 보지 마세요

문법 3_ N에(방향) p. 68

1.

N	에	N	에
집	집에	아파트	아파트에
교실	교실에	기숙사	기숙사에

2. (1) 학교에 (2) 은행에 (3) 병원에 (4) 식당에 (5) 카페에 (6) 서점에

3. (1) 언어교육원에 다닙니다 (2) 컴퓨터 회사에 다닙니다
   (3) 도서관에 갑니다 (4) 한국에 옵니다 (5) 집에 옵니다

더 알아보기 1_ ㅂ 불규칙 p. 69

1.

A/V	-아요/어요	A/V	-아요/어요
고맙다	고마워요	뜨겁다	뜨거워요
차갑다	차가워요	*입다	입어요

* 규칙동사

2. (1) 차가워요 (2) 입어요 (3) 뜨거워요 (4) 고마워요

더 알아보기 2_ 개, 권, 명, 병 p. 69

1. (1) ②, 두 권 (2) ③, 네 명 (3) ①, 한 개 (4) ④, 세 병

듣기 p. 70

1.

(1) 내일 혹시 시간이 있어요?
(2) 저는 구두가 필요해요.
(3) 이건 45,000원(사만 오천 원)이에요.
(4) 이 식당에 자주 와요?
(5) 여기 불고기 하나 된장찌개 하나 주세요.

2.

(1) A 어서 오세요. 뭘 찾으세요?
B 가방을 사고 싶어요.
(2) A 어느 식당에 가요?
B 행복식당에 가요. 거기 음식이 다 맛있어요.
(3) A 무슨 음식이 제일 맛있어요?
B 이 식당은 김치찌개가 괜찮아요.

(1) ① (2) ② (3) ②

말하기 p. 71

1. (1) 뭘 사고 싶어요 (2) 이 운동화는 어때요 (3) 그건 얼마예요

2. (1) 세 개에 칠천 원이에요 (2) 한 개에 만 팔천 원이에요 (3) 배 세 개하고 수박 한 개 주세요

3.

점원	어서 오세요.
레아	안녕하세요? 이 주스는 얼마예요?
점원	한 병에 삼천이백 원이에요. 두 병에 육천 원이에요.
레아	저 닭고기는 얼마예요?
점원	1kg에 이만 천 원이에요.
레아	그럼 주스 두 병하고 닭고기 1kg 주세요.
점원	네. 여기 있습니다. 감사합니다.

읽기 p. 72

2. (1) ④

(2) ①

쓰기 p. 73

1.

이화카페를 추천합니다!

여러분, 안녕하세요? 오늘은 카페를 하나 소개하고 싶습니다. 그 카페는 이화카페입니다. 이화카페는 학교 바로 앞에 있습니다. 그래서 학생들이 많습니다. 카페에 커피, 주스, 아이스크림이 있습니다. 모두 맛있습니다. 그리고 쌉니다. 케이크는 조금 비쌉니다. 그렇지만 맛있습니다. 이화카페는 아주 예쁩니다. 그리고 카페 주인이 친절합니다. 그래서 저는 이 카페를 좋아합니다. 이 카페를 추천하고 싶습니다.

지은이 소개

책임 연구원 **이정연**

이화여자대학교 언어교육원 전임강사
한국외국어대학교 국어국문학과 박사

공동 연구원 **정누리**

이화여자대학교 언어교육원 전임강사
연세대학교 한국학협동과정 박사 수료

박옥경

이화여자대학교 언어교육원 책임강사
이화여자대학교 한국어교육학과 석사

송유경

이화여자대학교 언어교육원 책임강사
이화여자대학교 한국어교육학과 석사

기우종

전 이화여자대학교 언어교육원 책임강사
연세대학교 외국어로서의 한국어교육 전공 석사

최효원

이화여자대학교 언어교육원 책임강사
이화여자대학교 한국어교육학과 석사